和谐校园文化建设读本

中小学生 品德教育漫谈

贾兴来　高赟赟/编著

吉林出版集团股份有限公司

吉林教育出版社

图书在版编目(CIP)数据

中小学生品德教育漫谈／贾兴来，高赟赟编著. —
长春：吉林教育出版社，2012.6（2022.10重印）
（和谐校园文化建设读本）
ISBN 978 - 7 - 5383 - 9029 - 2

Ⅰ. ①中… Ⅱ. ①贾… ②高… Ⅲ. ①品德教育—教
学研究—中小学 Ⅳ. ①G631.6

中国版本图书馆 CIP 数据核字（2012）第 116356 号

中小学生品德教育漫谈
ZHONG-XIAOXUESHENG PINDE JIAOYU MANTAN　贾兴来　高赟赟　编著

策划编辑　刘　军　　潘宏竹
责任编辑　刘桂琴　　　　　　　　　　　　　　　装帧设计　王洪义
出版　吉林出版集团股份有限公司（长春市福祉大路5788号　邮编 130118）
　　　吉林教育出版社（长春市同志街1991号　邮编 130021）
发行　吉林教育出版社
印刷　北京一鑫印务有限责任公司
开本　710毫米×1000毫米 1/16　　印张　11　　字数　140千字
版次　2012年6月第1版　　印次　2022年10月第2次印刷
书号　ISBN 978 - 7 - 5383 - 9029 - 2
定价　39.80元

编　委　会

主　　编：王世斌

执行主编：王保华

编委会成员：尹英俊　尹曾花　付晓霞

　　　　　　刘　军　刘桂琴　刘　静

　　　　　　张　瑜　庞　博　姜　磊

　　　　　　潘宏竹

　　　　　　（按姓氏笔画排序）

总 序

千秋基业，教育为本；源浚流畅，本固枝荣。

什么是校园文化？所谓"文化"是人类所创造的精神财富的总和，如文学、艺术、教育、科学等。而"校园文化"是人类所创造的一切精神财富在校园中的集中体现。"和谐校园文化建设"，贵在和谐，重在建设。

建设和谐的校园文化，就是要改变僵化死板的教学模式，要引导学生走出教室，走进自然，了解社会，感悟人生，逐步读懂人生、自然、社会这三本大书。

深化教育改革，加快教育发展，构建和谐校园文化，"路漫漫其修远兮"，奋斗正未有穷期。和谐校园文化建设的研究课题重大，意义重要，内涵丰富，是教育工作的一个永恒主题。和谐校园文化建设的实施方向正确，重点突出，是教育思想的根本转变和教育运行机制的全面更新。

我们出版的这套《和谐校园文化建设读本》，既有理论上的阐释，又有实践中的总结；既有学科领域的有益探索，又有教学管理方面的经验提炼；既有声情并茂的童年感悟；又有惟妙惟肖的机智幽默；既有古代哲人的至理名言，又有现代大师的谆谆教诲；既有自然科学各个领域的有趣知识；又有社会科学各个方面的启迪与感悟。笔触所及，涵盖了家庭教育、学校教育和社会教育的各个侧面以及教育教学工作的各个环节，全书立意深邃，观念新异，内容翔实，切合实际。

我们深信：广大中小学师生经过不平凡的奋斗历程，必将沐浴着时代的春风，吸吮着改革的甘露，认真地总结过去，正确地审视现在，科学地规划未来，以崭新的姿态向和谐校园文化建设的更高目标迈进。

让和谐校园文化之花灿然怒放！

本书编委会

目 录

第一章　概　述

第一节　品德教育的涵义

一、品德的涵义

品德即道德品质(moral trait)，是指个体依据一定的社会道德准则和规范行动时，对社会、对他人、对周围事物所表现出来的稳定的心理特征或倾向。

道德是发展先进文化，构成人类文明，特别是精神文明的重要内容。我们通常讲的道德是指人们行为应遵循的原则和标准。道德的定义可以概括为：对身边的人充满善意，对社会有所贡献。

道德是以善恶为标准，调节人们之间和个人与社会之间关系的行为规范。道德总是扬善抑恶的。道德与法律不同，它是依据社会舆论、传统文化和生活习惯来判断一个人的品质，主要依靠人们自觉的内心观念来维持。

道德一词由来已久。早在两千多年以前，我国古代的著作中就出现了"道德"这个词语。"道"表示事物运动变化的规则；"德"表示对"道"认识之后，按照它的规则把人与人之间的关系处理得当。从中国儒家的创始人，伟大的思想家、教育家孔子开始，千百年来，人们就一直重视道德问题。品德是多方面的，包括："爱心"、"尊敬"、"言谈举止"、"团结友爱"等。

二、品德教育的内涵

品德教育是教育者根据一定社会的要求，有目的、有计划地培养人的活动。作为教育的重要组成部分,品德教育在教育过程中行使着特殊的职能,这种特殊职能是由品德教育的本质决定的。在教育过程中,教育者以一定的社会道德要求影响受教育者,这就决定了在品德教育过程中同样存在教育者和受教育者之间的矛盾,即教育者的道德要求与受教育者已有的品德之间的矛盾。这一矛盾就是品德教育与其他事物的本质区别。

中外教育史上,尽管不同历史时期都存在品德教育现象,但其目的、内容、形式、方法都各不相同,品德教育的特殊本质或者说品德教育过程存在的特殊矛盾是始终存在的。因此,把握品德教育过程的特殊矛盾是认识品德教育概念的基本出发点。

根据对品德教育本质的分析和品德教育与教育概念的比较,我们可以归纳出品德教育的基本概念。所谓品德教育,是指教育者按照一定社会的要求和受教育者身心发展需要,有目的、有计划、有组织地对受教育者进行系统的影响,通过教育者和受教育者双主体在实践活动中的互动,把一定社会所要求的政治准则、思想观点、道德规范、法纪规范和心理品质,内化为受教育者个体素质的教育。

三、品德教育的构成要素

1.政治教育

引导学生坚持中国共产党的领导,形成坚定正确的政治方向,爱憎分明的政治态度和立场等品质。政治品质反映的是一定社会政治规范的思想意识和行为方式,是作为一个社会成员必须具有的素质。在社会主义社会,每个社会成员都是国家的主人,都必须能够正确处理个人与集体、个人与国家的关系。在对青少年进行教育时,首先就要要求他们爱国家和人民,爱社会主义,把人民的利益当作至高无上的利益。只有这样,才能把他们培养成为合格的公民和社会主义的建设者。

2.思想教育

引导学生逐步树立科学、正确的人生观和世界观。人的思想品质是在生活实践中、在一定的社会意识影响下形成的，是一定社会思想的反映，是个体行为的内驱力。对学生进行思想教育，主要是帮助学生客观认识自我，对人生的目的和生活的意义形成正确的认识，帮助他们明是非，走正路，以良好的生活态度健康成长。

3.道德教育

引导学生逐步掌握一定社会的道德规范，履行道德义务，形成符合社会规范的道德品质。道德品质是个体社会道德规范的思想意识和行为方式的反映。人类社会经过长期发展，必然会逐步形成和积累一定的道德行为规范，这些规范是人类社会得以维系和发展的基本条件。因此，人在社会上存在和生活，必然要遵循这些规范。在进行道德教育时，要培养儿童从讲文明、讲礼貌做起，爱父母、爱同学，尊敬老师和他人，自觉遵守社会道德规范，不做有损于社会和他人的事情。

4.法纪教育

引导学生充分认识社会主义法制对保障社会发展的重要性，培养自觉遵守纪律的良好行为习惯。法纪品质是个体对社会主义法制纪律的精神实质的反映。在社会文明不断进步的同时，一些灰暗、消极的现象还在一定程度上存在，影响着社会环境的净化，仅仅依靠人们自觉的思想、道德约束是不够的，必须不断健全法制和纪律等强制措施。对青少年进行法纪教育，就是要帮助他们知法、懂法、守法守纪，自觉维护法制和纪律的尊严，减少乃至消除青少年违法犯罪、危害社会的现象发生。

5.心理教育

培养学生健全的人格和良好的个性心理品质。品德是个性心理品质的一种特殊表现。个体品德的发展与个性心理的发展是密不可分的。个性心理品质的部分特征如性格、意志、品德能力等，实际上已成为品德的一部分内容。一个人良好的心理品质,有助于个人学习、生活和事业的成功。相反,如果青少年心理品质不良,很容易导致品德不良,甚至违法犯罪。因此,心理品质教育在品德教育中也是不可忽视的。

四、品德教育各构成要素之间的关系

政治教育、思想教育、道德教育、法纪教育和心理教育五个组成部分各有自己的特定内涵,但又是互相联系、互相渗透、互为条件、互相制约的,构成了品德教育内容的统一体。

1.政治教育和道德教育

从政治与道德的关系看,第一,政治与道德作为社会现象,共同属于历史的范畴,而二者产生的时间和在人类社会中存亡的时间是不同的。道德与人类社会共生共存,政治则只存在于阶级社会。第二,政治是一定社会阶级利益的最直接、最集中的反映,道德只是通过教育、舆论等影响方式,去维护某种经济利益。第三,政治主要体现于政权、宪法、政策、制度等形式之中,有强制性,道德反映的是人与人之间的关系,主要依靠社会舆论、传统习惯和人的内心信念来维护,是人的自觉行为。第四,政治与道德是相互影响、相互作用的。政治可以控制道德规范和道德信念的传播,道德则可以为维护政治服务。

因此,政治教育存在于阶级社会,在不同的阶级社会有不同的内涵,更突出品德教育的阶级性目的;而道德教育存在于整个人类社会,在不同的阶段,道德教育的作用、内容和基本特征具有一定的共性,区别于政治教育。从二者的联系看,在阶级社会,政治教育和道德教育都是品德教育的手段,二者可以相互影响,相互作用。

2.法纪教育与道德教育

法律是一定社会阶级意志的表现,当人的言行触犯法律时,由国家司法机关强制执行制裁;道德则具有永恒性,社会、团体、群众组织、家庭都对人的行为起着无形的监督、调节和约束作用。但法律和道德规范又是相互补充的。法律是道德规范的延伸和最后保障，道德规范则对法律起着注释的作用。法律是统治阶级意志的表现，是政治统治的工具，因此法律与政治关系更为密切，体现在人的思想言行中，它实际上是属于一种政治品质。

3.政治、道德教育与思想教育

人的思想的主要体现是世界观、人生观和价值观。一方面，人的政治品质与道德品质又都受一定的思想观点、立场和方法支配，即受一定的世界观、人生观、价值观支配。另一方面，作为个体的人，如果要适应一定社会的政治要求，具备社会所要求的道德品质，就必须加强世界观、人生观、价值观教育，使之符合全社会确立的占主导地位的共同目标、方向、信仰和行为准则。

4.心理教育与政治、思想、道德、法纪教育

在政治、思想、道德、法纪教育过程中，人的心理素质始终起着维持、调节和统合的作用，心理教育是品德教育过程不可缺少的要素。通过多种方式对不同年龄层次的学生进行心理健康教育和指导，可以帮助学生提高心理素质，健全人格，增强承受挫折、适应环境的能力。

因此，人的品德应该是思想品质、政治品质、道德品质、法纪品质和心理品质的辩证统一。其中政治教育是根本，思想教育和道德教育是核心，法纪教育、心理教育是基础。政治教育确立了为把祖国建设成为富强、民主、文明的社会主义现代化国家而努力学习的人生成长和发展的奋斗方向，思想教育通过对人类社会发展规律的认识和理解，为政治教育提供理念支撑，使学生形成科学的人生观、世界观、价值观，树立起理想信念。道德教育以培养自律的道德行为为重点，是实现理想信念的常态活动方式。法纪教育以"法"和"纪"的形式，充实和保证政治、思想、道德教育的进行。

第二节　品德教育的地位和作用

一、品德教育的地位

讨论中小学品德教育的一个前提条件就是要解决品德教育是不是一个相对独立的教育实体。有的人认为,智育、体育、美育和劳动技术教育等都是独立的实体,而唯独品德教育是"虚"的,不是一个独立的实体,只有寓于或渗透在其他各育中才能存在。如果真的是这样,那么就失去了谈论品德教育地位的前提。其实,实践早已表明,品德教育不论是单一地存在,还是同其他方面的教育同时存在,也不论人们是否承认它是一个相对独立的教育实体,它从来都是作为一个教育的独立实体客观地存在着。

品德教育作为学校教育中一个相对独立的实体,不是人们主观臆造的,它具有三个方面的客观规定性。一是德(广义的)的社会存在和个体存在的同时性及其各自功能的不可代替性对教育提出的客观要求;二是在社会的德与个体的德之间双向转化过程中,需要一种有效的媒体,而这个媒体只能是品德教育,因为它的功能具有不可代替性;三是品德教育在其经验的积累和理论指导下,历史地形成了独特的由品德教育对象、目标、内容、过程、原则、方法、途径、队伍、管理和评价等要素构成的可操作系统,这是谁也无法否认的客观事实。品德教育就是以其坚实的客观规定性所建构的独立实体,才在教育体系中确立了自己的位置,才获得独立存在和与其他各育长期并存共同发展的资格。

在教育史上,当今世界的国家和教育家,都是把品德教育置于与其他教育组成部分同等重要的地位,这是一种科学的态度。因为对一个合格的社会成员来说,不论他将充当什么社会角色,都应使之具备德、智、体、美、劳等基础素质,这是一定社会对教育的要求和教育应发挥的社会功能。同时,也应看到,在受教育者的发展中,其德、智、体、美、劳各种素质之间,是互有目的包容和互为手段的,这种互为条件和互补功能,也要求对各育一视同仁,予以同等的重视。直言之,学校对品德教育等各教育组成部分兼施并重是符合教育的客观规律的。但这并不能否认品德教育的特殊性。品德教育地位的特殊重要性,从其功能上看,它能使受教育者形成一定的思想、政治、法纪和道德素质,这些方面的优良品德,不论是对受教育者其他多种素质的健康发展,还是对于他们走上社会从事经济、政治、文化活动和自己的生活活动来说,都不以主体内外部条件的变化为转移,起着导向、驱动和监督的作用。因为人的思想、政治、法纪、道德素质,在人的行为过程中总是以人的价值观念、目的、动机、情感、信念、意志等品德要素表现出来,它们在人的各种活动中、在心理机制上总是先行的一环。用人们通常的比喻,可以形象地说,品德总是起着"灵魂"、"统帅"、"能源"、"发动机"和"督导"的作用。对于品德教育的重要性,许多思想家、政治家、教育家都曾从不同的角度进行过描述。中国宋代学者司马光在《资治通鉴》中,从德与智的相互关系得出:"才者,德之资也;德者,才之帅也。"赫尔巴特视培养品德为"教育的最高目的"。在中国共产党领导教育的历程中,毛泽东、邓小平等领导人一贯重视学校品德教育,特别重视品德教育中的政治方向教育。邓小平在1978年进一步指出:学校应该永远把坚定正确的政治方向放在第一位。但这并不是说要把大量的课时用于思想政治教育,学生把坚定正确的政治方向放在第一位,这绝不是要排斥学习科学文化。相反,政治觉悟越高,为革命学习科学文化就应该越加自觉,越加刻苦。

人们对品德教育重要地位的认识越来越清楚。我国广大教育实际工作者在长期教育实践中切实体会到:"智育不好出次品,体育不好出废品,而品德教育不好出危险品。"江泽民同志在庆祝中华人民共和国成立40周年大会上的讲话中指出:"各级各类学校不仅要建立完备的文化知识传播体系,而且要把品德教育放在首位,确立正确的政治方向。"这是在新的历史条件下对品德教育的重要地位做出的又一明确表示。这里的"首位"绝不是要从理论上在品德教育与智育等其他各育之间划分次序和等级关系。从我党一贯重视品德教育来看,这里的"首位"是再一次重申品德教育的重要性。我们要从品德教育功能的意义上和加强品德教育的意义上理解"首位"一词的意义。历史经验告诉我们,如果在这里把"首位"作为量词或序词,很容易形成各种误解和不良影响。一是既然品德教育占首位,其他各育就是次要的了,那么就可以放松一点儿了。二是品德教育既然占首位,也就是第一位的意思,那么对其他各育也应依次排出第二位、第三位……。三是既然品德教育占首位,就应该在教育时间和空间的分配上,多给品德教育一些,越多越好。四是担心有人把"品德教育为首"当作"突出政治"。以上各种观点其实质都是对品德教育的曲解。所以强调品德教育的地位不能忽视其他各育的特殊作用,品德教育理论应从现代社会和人的发展两个方面的需要和各育的功能和相互关系上,阐述品德教育与智育等其他各育同等重要的道理,用"各育并重"予以表述为宜,这种表述并不排斥在特殊情况下,侧重和突出品德教育或其他方面的教育。

二、中小学品德教育的作用

(一)中小学品德教育在社会发展中的作用

1.品德教育对社会生产、科学技术和商品经济的作用

这种作用主要是通过品德教育所传递的社会意识及其体现的社会规范和所培养的具有一定品德的人来实现的,主要表现在以下几个方面:

(1)培养劳动者使之具备一定的品德并作用于社会生产

人的品德与人的劳动潜能的运用是密不可分的。人的劳动潜能是否运用于生产过程、运用于何种生产过程、运用的目的和程度等,这是受

人的思想、政治、法纪、道德与精神品质、精神因素、精神力量支配的。通过品德教育,特别是通过现代专业思想、职业理想和职业道德教育,在实现人与技术、人与生产结合的过程中,使潜藏于活的人体中的体力和智力在其意识、意志、品德的支配下,运用于生产使用价值时,它就成为直接的、现实的生产力;人的精神力量也因此而转化为物质力量。

(2)培养人们的现代思想道德观念并作用于现代生产、科技、商品经济的发展

在现代,品德教育通过传播现代科技意识,培养人们的大生产观念和商品经济观念,帮助人们形成与现代社会经济发展相适应的科学精神、民主法纪观念、社会责任感和集体协作意识等各种新的观点、态度、气质、思维方式和行为习惯,为现代生产、现代科技、现代商品经济的发展提供现代社会的思想道德背景、基础和保证,适应现代经济活动和现代生产的节奏与变化。

(3)培养具备驾驭社会生产、科学技术和商品经济活动的人并作用于社会生产、科学技术和商品经济的发展

现代领导和管理人才不仅需要具有一定的领导和管理的知识才干,还需要具有一定社会的思想、意识、品德,特别是要具有一定经济思想和科技思想。这就需要教育和品德教育来培养。品德教育,特别是学校品德教育,配合智育,培养出大批具有上述品德要求的领导、管理人才,输送到社会生产、科技和商品经济领域中去,进行具体实际的决策领导、组织安排、管理监督,对社会生产和科技发展起着巨大的作用。

2.品德教育对社会意识的作用

(1)品德教育传递社会意识的作用

品德教育对社会意识的制约影响作用首先表现在对社会上的人们的作用,亦即向品德教育对象传递、传播一定的社会意识,使之为受教育者理解、掌握而转化为个体品德或个体意识,并在这种传递、传播过程中

使一定的社会意识得以不断继承、积累、改造、整合和发展。

（2）品德教育优化、升华社会意识的作用

一定社会阶级的品德教育在传递一定社会或阶级的意识形态的时候，它首先要对其进行选择、整理和加工，同时要对以往社会和其他阶级的意识形态进行批判和改造等工作，以抵制、消除其不良影响，继承、吸收其中积极的成分，充实到一定社会或阶级的品德教育内容中去，从而使其意识形态得到优化和升华。

（3）品德教育创造、发展社会意识的作用

教育者向受教育者传递社会意识的过程，同时也是社会意识的创造过程。教育者在传递一定社会意识的时候，通常会加上自己的理解和创造。受教育者在继承一定社会意识的同时，又通过自己的实践和思考，不断地补充、丰富、更新、发展原有的社会意识，即在继承一定社会意识的同时，进行新的社会意识的创造和发展。更为重要的是，品德教育，配合其他各育，培养出具有一定社会意识或精神文化功底和创造活力的人才，参与新的社会意识或新的精神文化的生产，从而发挥出创造和发展社会意识或精神文化的巨大作用。

（二）中小学品德教育在个体发展中的作用

中小学品德教育的根本作用在于促进人的品德发展，进而促进人的身心发展、个性发展和社会发展。

1.中小学品德教育在学生品德发展中起主导作用

在影响儿童品德发展的诸多内外部因素中，学校品德教育对儿童的品德发展起着主导作用。这是由学校及其品德教育的特点决定的。第一，学校是一种专门培养人的社会组织机构，是一种特殊的社会生活条件、社会生活形式。学校及其品德教育把改造过的自然、人与人的关系、各种形式的社会意识以及家庭、社区等因素，有目的地加以选择、提炼、组织、调节和控制，按照人的品德发展的规律和特点，以有计划、有系统的方式影响于学生,引导和促进其品德向着社会需要和受教育者品德发展需要相统一的方向发展;第二,学校是一种社会组织、社会群体,学校品德教育是一种特殊的社会交往活动。学校及其品德教育是教师按照学生品德形成发展的规律和品德教育的目的要求,以最有效的方式组织学生的交往活动,在活动和交往中,学生和交往对象之间可以形成一些实际的社会人际关系、学校集体和组织,学习社会生活,接受学校环境和教师施加的思想道德影响,迅速有效地反映、内化这种影响,并形成行为方式,引导和促进他们品德的形成和发展;第三,学校及其品德教育有经过专门培养训练的教师进行施教传道活动,他们具有较高的文化科学知识水平、能力素养和品德修养,又具有教育科学方面的知识和教育的方法与技能,能按学生品德形成发展的规律、品德教育的规律来教育学生,因而在培养学生的品德上具有较好效果;第四,现代学校成为社会教化的重要形式。从学校及其品德教育在人的品德形成发展中的地位和作用的历史变化来看,古代学校及其品德教育的作用是有限的,因为社会对人的教化主要是在家庭中进行的;在现代社会,家庭仍然承担着重要的教育功能,但由于学校教育的普及,因而它的作用得到极大地提高和增强,承担的大部分教育功能,成为社会教化的主要形式。对现代社会的儿童青少年来说,学校不仅是一种社会组织形式,同时也是一种社会生活形式;不仅是一种特殊的社会生活条件,同时也是特殊的社会群体和社会交往,因而对年轻一代品德形成发展产生着深刻的影响,发挥着重要的积极作用。但学校品德教育在人的品德发展中的主导作用是有条件的,它要受社会生活条件特别是受社会生产方式的制约,受人的身心、品德发展规律的制约。具体说来,学校及其品德教育的指导思想,学校领导和教师的职业素养、品德修养和教育水平,学校与家庭、社会的联系与配合程度等,直接影响学生的品德发展、学校及其品德教育主导作用发挥的程度和方向,因此,不能夸大学校品德教育的作用。

2.中小学品德教育对发展儿童认知能力的作用

品德教育的主要作用在于发展儿童品德,但其认知性功能也是存在和不可忽视的。它主要表现在以下几个方面:

(1)世界观、道德观——个体认知图式的核心

任何一个主体在从事认知活动时,总是以一定的意识状态作为其基础或背景的。构成这种基础和背景的因素,除了个体原来已有的知识已形成的认知结构以外,还有个体所具有的情感、意志,以及包括道德在内的各种价值观念、世界观及其意识心理活动等。这种在认知过程中起支配作用的主体先存意识状态的总体,可称之为认知图式。在认知图式中起核心作用的是个体的世界观、信念和信仰系统。品德教育在个体认知发展中的作用就是通过形成人们的世界观和道德观来实现的。

(2)认知的动力与热情

个体认知能力的激发离不开品德教育。一个缺乏起码社会责任感的人,难于在学习中具有认知的积极性;一个不热爱科学的人,就不会有科学探索的热情;一个没有形成勤劳、刻苦、勇敢等品质的人,也决不会以坚韧不拔的精神在认知的道路上攀登高峰。

(3)为认知创造和谐的人际关系

教育社会心理学研究表明:良好的人际关系,如和谐的师生关系、健康的群体氛围等,对于学生知识的学习、认知的发展具有重要的促进作用。品德教育的一个重要功能就在于通过一定道德规范的培养,形成教育过程中的各种良好关系,保证教育群体运行所必要的一致性,减少教育能量的"内耗"和浪费,使师生双方的认知处于一种和谐的人际关系中,从而提高认知的效率。

3.中小学品德教育有助于儿童的心理健康

心理健康与品德教育是相互联系的。学生良好的心理状态是接受品德教育影响的心理基础,而符合心理卫生要求的品德教育则对心理健

康起着保证作用。品德教育的心理保健作用,从其积极的方面说是讲究心理卫生,预防心理疾病,增进心理健康,培养、锻炼完整的人格,从其消极方面说是借助思想疏导治疗心理疾病。

依据心理健康的要求实施品德教育,就能保证心理健康水平的提高,如教育学生正确地认识自己,培养自信、自尊、自制;能乐于和别人交往,对别人施以感情,也接受别人的感情;教育学生热爱生活,勤奋学习,积极进取;指导学生正确认识周围环境,培养适应能力,这些都是增进心理健康所必须的。尤其是在现代社会中,学生学习负担加重,升学压力过大,情感问题的苦恼,个人抱负水平的不适当,教育方式的失误等造成了许多学生心理不良,引发许多心理疾病。因此,加强和改善品德教育的实施,发挥品德教育的心理保健作用是十分必要而迫切的。

第三节 品德教育的现代化

一、品德教育现代化趋势

在国外学校品德教育现代化中,全球化、国家化、民族化、社会化趋势比较明显。

1.品德教育全球化

柯尔伯格曾指出:"普遍的伦理道德原则是实际存在的,它不受特定文化内容的限制,诸如正义、平等、勤劳、诚信、互相尊重、责任心和同情心等条目是普遍的伦理道德标准。"20世纪90年代以来,面对全球化,各国都在考虑如何应对社会剧变所带来的挑战,将品德教育作为防止和抵制已经出现的世界性问题的有力工具。一是各国都增强了品德教育的全球化意识,大多数国家都打破了不同性质品德教育间的壁垒,扩大了相互间的交流与合作,并通过比较、借鉴,吸收别人有益的东西来发展自己。二是共同寻求品德教育的理想模式,西方国家日益青睐东方的集体主义、社会为本的优秀伦理道德文化;东方国家纷纷寻求通过西方的道德教育形式来实施与展现东方的道德伦理。三是在品德教育内容上十分关心全球性问题,如人类与自然的和谐问题、各民族之间相互依存的问题、人类潜能开发的问题、个体精神满足问题等等。四是加强全球化教育,如美国提出教育要面向民主、面向国际、面向解决社会问题,日本政府提出:"只有做一个真正的国际人,才是一个出色的日本人。"新加坡提出将华人、印度人、马来人凝聚成"新加坡人";各国都普遍注重尊重人的自由全面发展,强调权利平等、爱护公物、对自然和环境的责任心等。

2.品德教育国家化

品德教育的国家化就是日益强化其政治功能,即凝聚人心、巩固政权、化解矛盾、稳定社会,表现在品德教育的战略地位上,把品德教育提高到事关国家兴衰、社会稳定的高度;在品德教育目标上,突出国家目的;在教育内容上,突出爱国主义教育;在品德教育管理上,愈来愈重视控制品德教育的领导权,如美国和西欧一些国家的公民教育大多由政府间接管理,日本对道德教育采取国家全面干预的方法,文部省实施教科书审定制度,通过审定教科书,使其内容与政府的政治主张相吻合。

3.品德教育民族化

各国学校品德教育的现代化,都力图使品德教育植根于民族文化,努力构建体现民族精神和文化特质的学校品德教育体系。比如,"和"文化代表了日本民族精神,日本品德教育则注重对学生进行"同和"、"亲和"的"和"文化教育。"同和"教育以陶冶道德心为核心,针对20世纪90年代以来学校出现的"恃强凌弱"、"学校暴力"等种种"社会病态"行为,通过开展讲座、组织联谊会等教育形式,启发引导学生尊重彼此人权,并尊重自己赖以生存的社会环境,从而优化、美化、净化了校园生活;"亲和"教育则以消除"代沟"为核心,针对学生"对老师有反感"、"对父母有反感"的逆反心理和抵触情绪,通过校区联网、家长教师协会、组织联谊会、同乐会、合家旅游等活动形式,既密切了"亲情"和"友情"关系,又丰富了精神生活。又如韩国,韩国作为"儒教的样板国家",把对学生进行儒家伦理教育称为"有国籍的教育",体现了鲜明的民族化倾向。

4.品德教育社会化

各国在学校品德教育现代化进程中,普遍形成了"大品德教育"观念,把社会教育、家庭教育和学校教育结合起来。其一,强化品德教育的社会适应性。教育目的由"维持型"转变到"发展型",即一方面着眼于品德素质和能力培养,另一方面又努力维护社会稳定,推动社会发展;在教育内容上走向生活化,更加贴近生活;在品德教育的方法、途径上,更加多样化、个性化。其二,注重开发社会品德教育资源,例如,美国非常重视品德教育实施过程中学校与家庭、社会的合作;新加坡则建立了广泛的社会教育网、监督站。通过品德教育社会化,学校与社会互相配合,形成合力,提高了品德教育实效性。

二、我国中小学品德教育的现代化

当前,现代化已成为时代主题和世界性的潮流。教育现代化是社会现代化的重要方面,品德教育是教育的组成部分,我国教育的现代化离不开品德教育的现代化。中小学品德教育是整个学校品德教育工作的主体,因此也面临着如何实现自身现代化以适应社会主义现代化建设和人的品德发展在现今时代的需要,更好地发挥品德教育在促进社会进步和人的发展方面的功能这一问题。

我国中小学品德教育的现代化应包含以下几个方面的内容:

1.品德教育观念的现代化

品德教育观念的现代化主要包含两个方面。首先是在培养什么样的人这一点上,品德教育的现代化要求品德教育要培养人的现代观念。现代化代表着人类进步,品德教育功能是促进人类的进步,因此品德教育与现代化是统一的。同时,品德教育只有追寻本身的现代化,才能更好地促进社会现代化的进程。对现代化的理解是多样的,"现代化是以科技知识为基底,以工业社会为归趋的社会变迁过程,具有工业化、科技化、世俗化,普遍的成就取向,高度的功能专业化特征"。

对现代化概念的理解,存在很多争议,但从两个方面考察现代化的标志却是共识,即现代科技在生产中的应用及经济发展水平,人的观念的现代化。对现代化研究作出重大贡献的亨廷顿说:"现代化是一个多层面的进程","从心理的层面讲,现代化涉及到价值观念、态度和期望方面的根本性转变"。对人的现代化观念,是众说纷纭的,伊克勒思和史密斯概括了十二种特征:(1)勇于履行创新和尝试;(2)对社会变化具有思想准备;(3)善于倾听多方面意见而不唯我独尊;(4)能动地获取事实和信息,并在此基础上提出观点和意见;(5)立足于当今和未来而不是过去;(6)具有能改造自己周围世界的信念;(7)无论对待公共事业还是个人生活,均有一个长期计划的观念;(8)对周围世界持信任态度,并相信他人及组织能履行其责任和义务;(9)高度尊重科学知识和技术,并将其作为领取社会报酬的基础;(10)高度尊重教育的学业,并具有获取高的学业和专业成就的抱负;(11)尊重他人的优点;(12)理解社会经济活动的规律和逻辑。

这是对现代观念的一种概括。中小学品德教育要有意识地培养人的这些现代观念,以促进具有现代观念的人推动技术和经济向现代化发展。

品德教育观念现代化的第二个方面是品德教育理论本身的现代化,这要求现代教育理论要建立在对传统伦理扬弃和对西方伦理选择性吸收的高度统一上。

改革与开放是统一的,两者是相适应的。对传统伦理的扬弃和对西方伦理吸收也是统一的。从比较文化的角度看,中西文化融会贯通,日益交流、融合。东方的传统伦理是集体本位和个体本位辩证统一的,品德教育必须在这个层次上进行,集体本位和个体本位的伦理观都有两种效应,极端的集体本位会抹杀人的个性,极端的个体本位就是个人主义,都是社会病态。相反,合理的集体本位和个体本位是促进社会进步的。我们不难发现,西方的品德教育理论也有两大倾向,一是全球本位和社会本位,它们发源于当代科技革命和现代化生产所造成的负面后果。如全球生态遭到严重破坏,能源近于枯竭,核毁灭朝夕莫测,南北贫富日益悬殊,社会矛盾明显加剧,人口超越经济增长,由此产生了生态伦理学、科学人道主义伦理学、学会关心教育哲学。另一种倾向是个体本位倾向。从严格意义上说,西方文化是以个体本位价值为核心的,之所以产生社会本位的理论,是现代社会发展的结果。在中国,传统的伦理以社会为本位,在封建社会并不是集体内部的和谐,而是相互背离。在现阶段,人的价值观发生了改变,如追求个性、追求独立意识、开拓精神等。因此,品德教育应在立足个体本位和社会本位的高度统一的理论前提下延伸,力求做到既达到集体内部的和谐,又能充分发展个体的个性,这是品德教育的一个重要观念。

2.品德教育实践的现代化

品德教育的现代化不仅包括品德教育观念的现代化,更重要的是品德教育实际工作各个方面的现代化,主要包括以下方面:

(1)品德教育目标的现代化

我国现代社会是现代化的起点,品德教育必须面临价值多元的实际,进行正确导向。我国目前价值观呈多元趋势,这是因为目前存在多种经济形式,处于不同经济结构中的人有着不同的价值追求和价值观,因而形成多种多样的价值观。

面对这一形势,我们中小学的品德教育目标要注意层次性。新时期品德教育基本目标是培养社会主义合格公民,即具有爱国爱民、遵纪守法、积极参与社会主义建设的公民,这一层次与法律是一致的,维护了法律原则,就达到了起码的道德。在此基础上第二层次是培养模范公民,应具备共产主义理想和中华民族的传统美德,具有为人民服务,为社会主义献身的精神。"四有新人"就属于这一层次。品德教育工作可以有高层次的目标导向,但不能以此要求每一个人,否则,品德教育工作道德便流于形式主义,收不到实效,甚至适得其反。另一方面,随着市场经济体制的建立,新旧价值观念冲突激烈,品德教育要培养学生适应冲突、处理冲突的品质能力,不能只是单方面传授知识。

(2)把品德教育与课程建设结合起来,使课程最大限度地根据自身特点为实现各育目标服务,其中当然包括为实现品德教育目标服务

这应从课程设计开始就把品德教育的种类各层目标落实到课程结构、课程目标、课程内容、课程评价指标体系中去,教师在教学时要认真挖掘教材中蕴含的品德教育因素,此外,还要设置时事课、生活和职业指导课,各种必要的"活动课程",这些课程中的品德教育因素是很丰富、现实的。

(3)合理安排品德教育活动的时间和空间,形成多种品德教育途径相结合的合力网络

学生品德表现和品德教育因素是无处而不在的,可以说,学生在校内外生活和学习的全部时间和空间,也都是进行品德教育的时间和空间。这里除了有学科课程的时间空间外,还应把学校教育的所有途径,即教学、课外校外文体科技活动,劳动、社会活动、社团组织生活(含党、团、队、学生会等)、家庭及宿舍生活,都作为进行各育的共同途径,充分发挥他们的品德教育功能,其中也不能放弃教学的品德教育功能。发挥各种教育途径的教育功能,还需要它们之间的密切配合,尽量减少"内耗",形成一个合力网络才能圆满地实现既定目标。近年来,我国关于建立品德教育协调机构,如"年级教育组"、"品德教育基地"、"学校、家庭、社会教育一体化"、"社区教育"等实验,为优化品德教育途径增添了新的

内容。

（4）优化品德教育环境

学生良好品德的形成与品德教育环境是分不开的。事实证明，良好的品德教育环境及其潜移默化的品德教育效果，往往是一些明示性的品德教育所不能比拟的。品德教育环境涉及的范围和内容极其广泛，学校各种事物和情境、气氛都可能使学生受到"润物细无声"等良好暗示的影响，这就需要学校和教育者有意识地选择、创设这种品德教育环境。近年来，我国关于"校园文化"、"文明班级"、"文明宿舍"等实验及其良好效果，说明了品德教育建设的必要性。

（5）科学地选择和运用品德教育的多种方法

品德教育方法包括对话法、榜样法、说理法、陶冶法、训练法、咨询法、移位法、激励法等各种具体方法。这些具体方法中还有许多有效的具体方式和手段，都有其操作程序和规则，每种方法对完成某项品德教育任务都有其特殊功能和一定的局限性。因此在选择和运用时应善于优化组合，使之产生整体效应。

（6）建立健全学生品德发展档案制度

要教育学生首先要全面地、准确地、及时地了解学生品德发展的情况。由于学生品德结构和分类的复杂性，发展变化的不稳定性，定性定量分析的艰巨性，就不能根据学生一时一事的表现轻易地断定其品德发展的方向和水平，更不能以此作为教育的起点，进行"头痛医头，脚痛医脚"的教育。要进行系统的有效的教育，就要建立健全学生品德发展的档案。

（7）建立教育者品德教育素质的培训、考评制度，逐步形成一支全体教育者都善于进行教育的教育队伍

教育者对学校的教学工作可以有分工，但对各育不能有绝对的分工，所以对品德教育是人人有责任，都应具备一定的品德教育素质。品

德教育素质的指标体系的制定,培训和考核制度的建立,都需要实验和研究。

(8)建立健全品德教育管理体制

品德教育管理是整个学校管理的一个有机组成部分。品德教育管理包括管理的组织机构、人员编制、目标责任、规章制度、工作计划、管理方法等一系列实体性内容。在这方面应在坚持已有的良好经验基础上,继续通过不断改革使之更加完善,也是非常必要的。

(9)合理分配和使用品德教育经费

品德教育同其他各育一样需要一定的经费,才能建设一些必要的品德教育设施和开展品德教育活动。在这方面,一定要消除那种"不花钱的品德教育"的偏见。品德教育所用的教材、资料、现代电化教育器材、品德教育活动场所、交通、联络、管理、培训、科研等,都需要花费一些经费,应把品德教育经费的筹措、管理和使用作为品德教育工作的一方面抓起来。

(10)建立品德教育的评估制度

品德教育评估的多种功能表明它是整体教育评估不可缺少的一部分,也是品德教育建设不可忽视的问题。品德教育评估对象的确定、评估标准、评估方法、评估程序和评估结果的反馈,都有大量的具体工作可做。这是品德教育工作的新课题,更需要积累经验和科学实验才能逐步建立起来。

品德教育现代化是一个长期的、渐进的过程,需要广大品德教育研究者和实践工作者不断探索和研究。

第二章　品德教育的目标

教育这个塑造人类灵魂的系统工程具有鲜明的目的性,需要有明确的质与量的规格要求。品德教育,作为教育的一个有机组成部分,也是如此。品德教育目标与教育目标一样,在相当程度上体现着国家、社会的期望和要求,反映着教育者、受教育者的需要和追求,预示着品德教育的方向及其结果。可见,明确品德教育目标是品德教育的首要问题。

当前,深入研究品德教育目标,还有其特殊的意义。我国是一个发展中的社会主义大国,同时又面临着世界范围的新技术革命和各种力量的挑战,这就更需要把品德教育搞好。因此,进一步研究品德教育目标,就更具有特殊的必要性与现实性。

第一节　品德教育目标概述

一、品德教育目标的概念

品德教育目标是教育目标的重要组成部分,是教育目标的具体化,是教育目标在品德教育方面的具体要求。所谓品德教育目标,就是指一定社会对教育所要造就的社会个体在品德方面的质量和规格的总的设想或规定。也就是说,在进行品德教育之前,人们对于要把受教育者培养成具有何种品德的人,在观念中所具有的某种预期的结果进行设想。恩格斯指出的:"在社会历史领域进行活动的,全是具有意识的、经过思虑或凭激情行动的,追求某种目的的人;任何事情的发生都不是没有自觉的意图,没有预期的目的。"但人们的头脑中之所以有这些意图或目的,则有其客观的历史原因"归根到底是由生产力和交换关系的发展决定的"。品德教育目标也不例外,归根到底来自客观世界,来自现实生活。所以它是对客观现实的反映。

品德教育目标作为品德教育的重要组成部分,还有鲜明的社会性。这主要表现为:(1)具有历史性。品德教育目标是人类历史发展的产物,并随着社会历史的发展变化而发展变化;(2)具有国家性与民族性。任何一个国家和民族,由于长期生活在同一的社会环境中,必然形成大致相同的文化、习俗、传统,这些都影响着他们对品德教育目标的制定;(3)具有阶级性。任何一个占统治地位的阶级,都首先从本阶级的利益出发,提出一定社会的品德教育目标。就是政治家,思想家、教育家提出的品德教育目标,也难免不打上阶级的烙印;(4)具有人类的共同要求和反映一定的时代特点。正因为这样,我们可以说品德教育目标是一个区域性、历史性的范畴。它还具有继承性、现实性和超前性。但是,其中最重要的还是它的国家性和现实性。

二、确定品德教育目标的依据

品德教育目标的实质和内容,是一定社会和受教育者自身发展所要求的起码的品德。它包括思想、政治、法纪、道德等方面的基本素质和能力。那么,确定品德教育目标的根据是什么呢?

1. 根据一定社会对其公民在政治、思想、道德等方面的基本要求与受教育者品德健全发展的需要

品德教育是影响受教育者接受现实社会的意识形态和政治、道德规范、准则,使其品德从小就健康发展,以适应一定社会的价值观和社会生活的教育。任何一个社会都要求他的公民承认这个社会现存的政治、经济制度,遵守这个社会所规定的法律和道德,为这个社会的巩固、繁荣和发展尽自己的义务,古今中外概莫能外。考察历史可以充分地说明这一点。从中国古代社会"明人伦"的具体内容,到封建社会培养"官吏"、

"士"的忠君、尊孔等级服从的政治、道德素质;从西欧古代培养的"僧侣"、"骑士",到近代资产阶级培养的所谓"独立自尊的自由人",无不是为了满足当时社会的需要。现在,在确定品德教育目标时,也都无一例外地遵循这一点。但是,在今天,仅仅这样是很不够的。研究表明,随着科学技术的发展,和现代生活方式、交往方式的变化,我们对品德这一古老的概念,需作扩展性的理解。也就是说,确定品德教育目标,只强调阶级的、政治的需要显然是片面了。一个人的品德,体现在其生活的所有领域和活动、交往的全过程。它们不仅在阶级关系、政治生活中自觉不自觉地表现着,而且在其他所有的时空领域以及在处理各种各样的关系中表现出来,如在政治活动方面,经济活动方面,对待环境和自然生态关系方面,处理各种交往活动以及私生活方面等等,都无一例外地需要一定准则、规范的指导和约束,而且还要人们表现出相应的思想境界和品德来。所以在具体地确立品德教育目标时,第一,要考虑道德规范。也就是体现在当今社会基本行为方式和交往方式中稳定的、长期形成的行为规范和准则;第二,要考虑社会规范。也就是维护和发展一定社会、生活秩序所必须的制度、规范、准则。这些大多体现在各种不同层次和类型的法律中。第三,要考虑民族和国家的特点。在各国的政治、经济制度迥然不同,意识形态各异的国际环境中,各国都有本民族的政治、经济、文化特点,都形成了各自特殊的利益关系。所以要从本国本民族的特点和利益出发,提出对公民的要求,确定品德教育目标。第四,要考虑科学技术发展提出的伦理道德要求。当代科学技术不论宏观还是微观,都取得了巨大成果,同时,它在社会生活中的地位和作用也明显地增加了,科学技术在生产过程中的应用,极大地提高了生产率,也促进了社会发展的进程。但是,科学技术的巨大进步,如果运用不当,也有可能变成一种前所未有的破坏力,给人类带来极大的灾难。这些,已成为人类的共识。科学技术的新发展,进一步改变了人同自然的关系。科学技术的进步,大大提高了人类对自然的利用和控制能力,同时也破坏了自然界的平衡,遭到了自然的报复。当代科技的发展和运用,也向某些传统的道德观念提出了挑战,出现了一系列新的,如"试管婴儿、安乐死、人体实验"等都需要伦理学给予回答的问题。这种种情况,必须反映到品德教育中来,在确定品德教育目标时,都应有所体现。

总之,品德教育目标的提出,受社会多方面因素制约。而且随着科学技术的发展,人类认识的深入和丰富,那些制约的因素还会不断地增加,这都需要在确定品德教育目标时加以注意。除此之外,一个国家或民族的传统、社会文化、哲学、宗教也都会对品德教育目的的确定有着一定影响,使其表现出某些特色来。

2. 根据教育对象自身发展的需要和心理发展水平

在年轻一代成长的过程中,他们有自身的需要。这种需要有物质方面的,也有精神方面的。精神方面的需要,主要表现为对真善美和自我完善的追求。品德教育是从精神方面满足学生的需要的。需要是个体进取的动力系统,是个性道德发展的力量源泉,是接受教育、参与品德教育活动的基础。品德教育过程不仅是培养学生完善品德的过程,而且也必须是不断满足、激发受教育者自我完善需要的过程。这种对学生进取、追求、激发的要求,应体现在品德教育目标中。

品德教育目标的确定,还需要认真考虑受教育者心理发展的特点和水平,特别是品德心理的发展水平。在品德教育过程中,受教育者品德的形成,要以他们已有的心理发展水平为前提。品德教育目标超出了学生心理发展水平,就会使学生感到望而生畏,失去努力的基础和动力;落后于学生已有的心理发展水平,就必然压抑学生品德的发展,使德教育工作失去良机而直接影响品德教育目标的实现。所以在确立品德教育目标时,也必须从教育对象心理发展的已有水平出发考虑。可见,品德教育目标的确定,也要受到教育者心理发展、特别是品德心理发展的已有水平所制约。

3. 品德教育目标的确定,还要受一定的教育思想,特别是教育的哲学观点所影响

由于提出品德教育目标的人的世界观、道德观的不同,确定品德教育目标的出发点就有所不同。从品德教育思想上看,以"人"为中心,或以"社会"为中心的不同出发点,在品德教育的目标、规格上,便形成了完全不同的两种倾向。

我国古代的某些教育家和思想家,把教育当作遵从"天命"和"化民成俗"的手段,主张通过教育发展"良知"、"良能","使人为善",并最终达到"善人"、"圣人"、"君子"的规格。所以他们把对于人的品德要求,归结为"天命"的启示,从而把人类品德教育活动的目的和动机,推到远离社会现实的理想或空想的境地,成为人类自身无法驾驭的东西。西方资产阶级教育家和思想家,在很大程度上摆脱了中世纪以来的"神权"的束缚,把确定品德教育目标的依据由上帝那里移到了人和人类社会中。但是,他们却程度不同地曲解了人类社会历史的本来面目,曲解了个人与社会的关系,把人抽象化、孤立化。持这种观点的人,必然把确定品德教育目标的依据,归结为受教育者个人,主张"个人本位"。如西方资产阶级教育家夸美纽斯的"发展健全个人"的思想,洛克的"完成健全的精神"的观点,卢梭的"养成正当习惯"的主张,杜威的"不服从任何外来目的"的"儿童中心主义"等等。更有甚者,那就是当代的存在主义者,他们宣传自我"具有至高无上的价值",主张"个性的自我表露"和"自我实现"。

另一思想观点,是与上述看法完全不同的,他们主张依据社会要求规定品德教育的目标和规格。如进步主义、新教育派倡导"由儿童为中

心,转向以社会文化为中心"、"培养儿童对社会文化的适应性";改造主义者主张以"社会同意"作为品德教育的目的和规格。面对新技术革命的严峻挑战,西方的一些教育家又提出"终身教育"的思想,主张把发展个人的独特性和社会适应性,作为品德教育的战略目标。综上可见,一定的教育哲学思想,对品德教育目标和规格的确定,也是具有很大影响的。

三、各相关学科对品德教育目标的影响

品德教育目标与多种学科存在着密切的关系。多种学科的内容渗透到品德教育目标中,使品德教育目标具有十分丰富的内涵。

1.品德教育目标与政治学

研究品德教育目标,就不能不认真研究政治学对品德教育目标的影响。政治学是一门系统的研究国家学说、政治理论、政治制度等内容的科学。国家的起源、发展和消亡;国家的体制与职能;各种不同类型国家的结构和政治制度;社会中的各种政治关系,与阶级专政、民主、政党等有关的各种政治理论等等,都是政治学的研究对象。学校品德教育目标的一个重要方面,就是培养受教育者形成一定社会和阶级所需要的政治立场、态度和政治观念等素质。这也是各个国家的统治者肯于大量投资办教育的重要原因之一。共产党领导的社会主义国家,对这一点从不讳言,历来十分明确地把政治教育,培养学生正确的政治立场、观点,放在品德教育的重要地位。西方的一些资本主义国家,虽然宣扬学校教育不受政治干预,表面上不允许强行灌输某些政治主张以形成某些党派的政治倾向。但实质上在教育的各个方面,都渗透着资产阶级的政治思想倾向和价值观。考察几千年的教育史也是如此,观察今天与展示未来,也可以做这样的判断。正因为如此,我国的品德教育目标要反映党的建设有中国特色社会主义基本路线的精神。

2.品德教育目标与经济学

经济学对品德教育目标的影响也是十分明显的。经济学是研究物质资料的生产、交换、分配与消费等过程中的经济关系和经济活动规律及其应用的科学。物质资料的生产、交换、分配和消费,都是与人发生关系的。人们应该以什么样的态度对待这些问题,我们培养的人在这些问题上应该具有何种品质?都需要在教育目标中做出反映。从我国当前改革开放的情况及其对品德教育的要求中,也可以清楚地看到这一点。

我国正在进行的改革,是一次经济体制的根本性变革和经济运行机制的彻底转变。长期以来,我们实行的是一种高度集中的计划经济体制,这种体制存在着权力过分集中,忽视甚至排斥商品经济和市场作用等弊端,背离了现代化建设的要求,使整个经济处于僵死的状态。改革是一次新的革命,就是从根本上改变这种束缚生产力发展的经济体制。

它包括十分丰富的内容,其中还有所有制结构方面的改革,这些改革必然要求政治体制和其他方面的体制进行改革。同时也必然要求人们的素质发生大的变化;具有自立、自信、参与和开拓、进取、创新精神,商品经济的竞争、时效观念、风险意识等等。而且还会引起人们行为规范、生活方式、精神状态、价值观念、是非标准等的重大转变。这些变化包涵着极其丰富的内容,必然反映在品德教育目标中。品德教育理所当然地要为其服务。

3.品德教育目标与法学

现代社会是法治社会。学校品德教育必须把受教育者培养成具有强烈的法制观念,做到懂法、守法、护法,并能够自觉地利用法律保护自身正当权益的公民。这就决定了品德教育目标必然受到法学的影响。法学是一门以法律为研究对象的古老而独立的社会科学。它主要研究法律的本质、形式、特点和作用,法的产生和消亡的规律,法律的范围、制定和执行。

法学具有强烈的阶级性,反映不同阶级的法律观点,为维护不同阶级的利益服务。品德教育目的的确定,不仅不允许有悖于国家的法律,而且必须体现法律的要求,培养学生具备法制社会所需要的基本素质。

4.品德教育目标与伦理学

品质是一个人作为社会角色不可须臾或缺的最基本的品质。任何一个国家的品德教育目标,都把它作为一个重要方面。伦理学是研究道德及其起源、发展,人们相互间和人们对社会、国家等行为准则的科学。善和恶、正义和非正义、公正和偏私、诚实和虚伪、荣誉和耻辱等,都是它的研究对象。伦理学研究的内容,反映了社会对人们在社会生活中举止、行为规范的要求。这种要求必然体现在品德教育目标中,构成品德教育目标的重要组成部分。

5.品德教育目标与价值哲学

品德教育活动是在一定价值观指导下的一种对人类思想道德规范进行选择的活动。所以价值观必然影响着品德教育目标的形成和确定。价值一般是指有用的东西对人的意义和重要性,或人对有用东西的估价、评价、珍视等等。马克思指出"价值"这个普通的概念是"从人们对待满足他们需要的外界物的关系中产生的"。这就是说,主体的需要和客体自身的属性,是构成价值两个不可缺少的前提和基础。价值所反映的是主体人的需要和客体的物自身所具备的能够满足这种需要的属性。因此,应该从人的需要与物的属性之统一中认识价值的本质。价值观是一种以价值为基础的选择意识。这种选择意识表现为态度、信念、信仰和理想。价值观又可分为科学价值观、审美价值观、功利价值观和道德价值观等。其中功利价值观和道德价值观对品德教育目标的影响最大。以道德价值观为例:它具有以下三种涵义:(1)以处理人与人、个人与他人、个人与社会的利益关系为核心的。这里面就包含着利己主义价值观、利他主义价值观和集体主义价值观;(2)是同人们的行为相关的价值意识。行为是道德的实践内容,也是道德价值观借以干预社会进行的主要形式。围绕行为形成的许多价值观念,最终都要积淀成个人的品质、要求或行为准则。如体现在个体品质中的公正、诚实、忠诚、爱等;(3)是以人们的义务感和良心为基础形成的价值意识。在道德价值观中,义务感和良心起着决定性的作用。人们在社会生活活动中,总是以负有一定的使命,承担一定的责任,作为一定的社会角色存在的。当人们意识到这种地位、角色、责任和使命时,就会形成义务感和良心。这些,使个体认识到履行对自己、对他人、对社会的义务是应该的、是有价值的。可见,一个人的品德及其行为,都是在其价值观的支配下表现出来的。品德教育目标最终应落实在培养受教育者思想道德的价值观上。

6.品德教育目标与文化学

文化是指人类在其社会历史实践中,所创造的物质财富和精神财富的总和。它反映人类在一定历史阶段控制自然界和社会自发力量所达到的程度。文化是一种社会历史现象。每一个社会都有其相应的文化。狭义的文化是专指精神文化而言,包括自然科学、技术科学、社会意识形态,以及与之相适应的制度与设施和价值观、思维方式等。作为社会意识形态的文化,是一定社会政治和经济的反映,又给予一定社会的政治和经济以巨大影响。在有阶级的社会中,作为意识形态的文化,是有阶级性的。各个阶级都利用文化工具(教育、科学、报刊、文艺等)来达到本阶级的目的。

中华民族思想文化绵延五千多年,形成了本民族的气质精神,具有鲜明的特征。表现为重视人生境界的追求;强调刚健有为,自强不息;主张协同合作,同心同德;倡导内省尚文(即修身教化)。在中华民族的传统文化与民族气质的影响下,在历史长河中,中华民族形成了巨大的创造力与凝聚力,可贵的民族自尊心与自信心。这是中华民族民族性之魂,也是中国智慧的根基。它产生了无穷的物质与精神力量,谱写了光照千秋的历史篇章。这样恢宏的文化,对我国教育目标的确定,具有重大影响。这主要表现在民族优秀文化传统需要通过教育进行传递、弘扬和发展,这就必然反映在教育目标之中。作为民族文化传统核心的价值观念,是一种积淀于民族深层心理结构中,衡量事物的基本价值尺度,也极大地影响着对品德教育目标的选择与确定。

一些学科对品德教育目标的影响是多方面的。考察古今中外相关的社会科学(含某些自然科学)对品德教育目标的影响,可以大致分以下几个方面:(1)作为理论基础的影响。某些学科的影响是作为品德教育目标的理论基础表现出来的。它们使品德教育目标有强有力的理论根基,反映出较强的理性,使品德教育目标更加科学化;(2)作为世界观的影响。品德教育目标是由人确定的。由于人们的世界观不同,在确定品德教育目的时就会有不同的倾向性,最终必然影响着品德教育目标的内容和规格;(3)作为方法论的影响。确立品德教育目标,需要科学的方法论,某些学科从方法论的角度,影响着品德教育目标的确立;(4)作为某些稳定长期的氛围的影响。有的学科经过较长的历史过程,形成某种强有力的氛围,这种氛围足以影响品德教育目标的结构和内容。

以上仅介绍了几种学科与品德教育目标的关系,还有些学科对品德教育目标也是有一定影响的,我们就不一一赘述了。

第二节　品德教育目标的分类

一、品德教育目标分类概述

1.目标分类的含义

品德教育目标的分类,是指遵照一定品德教育理论的指导,根据目标分类的原则和品德教育过程的要求,对品德教育目标的分解和划分。

它包括把总目标分解成类目标,如把总目标分解成思想教育目标、政治教育目标、法纪教育目标、道德教育目标等;把类目标分解成它的亚层次目标,如把法纪教育目标分解成为法制观念教育目标,知法、守法、护法教育目标,利用法律保护自己正当权益的教育目标,以及遵纪教育目标等。品德教育目标分类,首先是其自身存在着固有的可分性,同时也是品德教育过程的迫切要求。品德教育目标分类对优化品德教育过程,实现品德教育目的,具有重要的现实意义。

2.目标要求的统一性与目标分类的多样性

如前所述,一个国家的品德教育目标,一般是由国家或国家的教育部门,根据其社会稳定发展的历史任务和受教育者健康成长的需要提出来的。它反映一定社会对其公民在政治、思想、道德等方面的基本要求和受教育者自身成长的需要与心理发展水平。这样的目标要求,对本国的青少年一代是完全一致的,具有明显的统一性的。这个统一的目标要求,对于全国各级各类学校的品德教育,都具有指导和制约作用。同时,品德教育目标又是一个复杂的、涵盖面很宽的内容体系。为了指导具体的品德教育过程需要对其进行分解、分类。分类可以有多种角度。按教育性质分,可分为普通学校的品德教育目标和各类专业学校的品德教育目标;按教育程度分,可分为小学的品德教育目标、中学的品德教育目标和大学的品德教育目标;按目标自身的构成成分分,可分为品德内容方面的目标、品德心理要素方面的目标和品德能力方面的目标等等。总之,目标分类虽具有一定的客观性,但毕竟是主观的东西。人们按照实践的需要,还可以从不同角度继续进行分类。但分类时必须注意不要背离总目标的要求。

3.分类与品德教育目标自身的科学化

品德教育目标的分类过程,是遵照实践标准和运用科学方法对品德教育目标进行进一步的科学规范,使其更加实际化、准确化与具体化的过程。通过这个过程,会使品德教育目标形成比较准确的内涵与外延,比较科学地界定和阐释,比较正确地表述。在品德教育过程中更有利于发挥其功能,更便于引导师生为之实现而努力奋斗。在过去相当长的一段时间里,在品德教育目标问题上缺乏明确地界定与分类,对品德教育就曾产生过如下的一些片面认识:(1)认为品德教育就是道德教育,培养道德品质;(2)认为品德教育就是思想政治教育,或政治思想教育,就是解决政治立场或思想认识问题;(3)认为品德教育就是抓纪律,改正学生缺点、错误;(4)认为品德教育就是搞好"五讲四美"、"三热爱"等等。这些对品德教育的片面看法势必影响对品德教育目标的正确认识和科学界定,因而贻误学校的品德教育工作。有了科学的目标分类,这些问题就会得到较好地解决。

4. 分类与品德教育过程中的具体操作

品德教育过程,是实现品德教育目标的具体活动过程。每一个品德教育过程都需要在一个(或以一个为主)具体的品德教育目标的要求和导引下,选择相应的内容、方法和途径,组织相应的教育活动,启发、教育、陶冶和训练受教育者,使学生达到教育者所期望的目的。如果没有分类的具体品德教育目标,就很难组织一个具体的、目标明确的品德教育过程。教育者和受教育者,就会在笼统模糊的情况下,开展品德教育活动。这样,就难免不出现主观性、随意性和形式主义、走过场的局面。长期以来,由于缺乏科学的品德教育目标分类,品德教育过程的组织者,对在品德教育过程中要达到的预期目的,也不够清醒,因而也不会有得力的引导。过程结束之后,也缺乏认真地反思和以客观标准为尺度,进行评估和总结,所以品德教育效果往往不佳。有了具体的品德教育目标分类,从品德教育活动的设计,到实施活动中的引导和监督,一直到过程之后的总结和评估,就都有了可以遵循和具体操作的标准和尺度。这样就会有力地保证品德教育效果,提高品德教育效率,使一个具体的品德教育过程实现预期的教育目的,有了切实的保证。

二、品德教育目标分类的功能

品德教育目标分类在品德教育实践活动中具有重要功能。只要这些功能能够得到充分发挥,就会使品德教育过程沿着科学的轨道发展并会取得良好的效果。

品德教育目标分类具有以下几方面的功能:

1.导向功能

品德教育总目标是品德教育过程的指针,是教育者和受教育者自觉追求品德教育理想境界的向导。对品德教育目标进行科学分类,就是建构起一个纵横交错的、完整的目标体系。它不仅向教育者和受教育者示明了总目标所包含的各项具体内容,而且也示明了各项具体目标在实施过程中由低到高的不同层次的要求。使得整个品德教育过程始终有明确的指向,避免盲目性、偶发性和随意性,并且可以在分类目标体系的指引下,不断追求,不断进取,以期总目标的实现。

2.选择功能

品德教育的总目标勾画了预期在受教育者身上所要形成的品德。对总目标进行分类,这既是一个目标分解的过程,同时也是一个对具体目标(内容)进行选择的过程。这是一个在总目标所现定的范围内一种教育学意义上的选择。每一项具体目标的选定、实现,此项具体目标的时间规定,以及它与其他具体目标之间结构关系等都要根据思想品德、行为规范、内在的逻辑体系,以及受教育者自身品德发展的逻辑体系作出选择。因此说,分类的过程是一个选择的过程,分类发挥了选择的功能。

3.激励功能

经过分类的目标,一般说具有可操作性和具体化的特点。它把总的品德教育目标转化为教育者与受教育者能够明确掌握,可能实现的要求。为此它也能更为有效地激发人们的动机,鼓舞和激励他们自觉地为实现这种目标而努力。

4.评价的功能

由分类目标的具体性,可操作性,有确定的标准,便于监督、检查,为此就有可能据此而确定品德教育评价的指标体系,得以比较科学地测定受教育者实现品德教育目标的程度与水平,测定品德教育过程的得失与效率。

三、品德教育目标分类的方式

我们所说的品德教育目标,是指品德教育的总目标。在总目标以下,又可分为不同类型、不同层次的具体目标。这些具体目标是总目标系统中的子系统,是构成总目标的基本要素。具体目标如何分类是一个较为复杂的问题,需要对其认真研究。正如《目标分类学》所云,因为"在某种程度上,确定类别并冠以名称是人为的,所以……分类与命名就可能有无数种方式"。目前,对品德教育目标的分类,有各种不同的分法。有的是按照总目标,将之分解为各项具体目标。在我国,基本上是就品德教育目标自身结构进行划分的。我们把品德教育的总目标划分为:思想教育,即人生观与世界观教育目标;政治教育,即政治观点与政治方向的教育目标;法纪教育,即法制观念和知法、守法、护法,以及遵守纪律的教育目标;道德教育,即道德认识、道德行为习惯养成目标,等等。又如美国全国教育协会教育政策委员会提出的题为《美国民主教育之目的》的报告中,把教育目标分为四大类,即自我实现的目标、人际关系的目标、经济效益的目标、公民责任的目标。其中自我实现目标中包含着一定的品德教育要求,"人际关系的目标"与"公民责任的目标",显然都是关于品德教育方面的任务。在"公民责任的目标"中写道:(1)社会正义:有教养的公民对于人类不平等的境遇会有很快的反应;(2)社会活动:有教养的公民能实行矫正不满意的情境;(3)社会了解:有教养的公民能寻求对于社会机构及社会过程之了解;(4)审慎的判断:有教养的公民能防御宣传;(5)容忍:有教养的公民能尊重各种不同之真诚的意见;(6)维护公共资源:有教养的公民能尊重国家的资源;(7)科学的社会应用:有教养的公民能促进科学的进步,以贡献一般的福利;(8)世界公民:有教养的公民应是世界社会中的一个合作的分子;(9)遵守法律:有教养的公民能尊重法律;(10)经济知识:有教养的公民应有经济的知识;(11)政治责任:有教养的公民能接受其公民的义务;(12)笃信民主:有教养的公民对于民主的理想应有坚定的信念。尽到一个公民的责任。还有的目标是从不同教育活动的要求方面(教育途径方面)进行划分的。如:教学中的品德教育目标;社会活动中的品德教育目标;劳动中的品德教育目标;文体活动中的品德教育目标;课外活动中的品德教育目标,等等。还有的是从品德心理结构方面对目标进行分类,如道德认识目标、道德情感目标、道德意志目标、道德行为习惯目标等等。以上的分类,是对品德教育目标横向的分类。还可以从纵向进行分类,如小学的品德教育目标;中学的品德教育目标;大学的品德教育目标,在一个学校中还可以按照年级的高低,对同一品德教育目标提出不同层次的要求,确定不同层次的序列。这种分类,是对同一品德教育目标,根据不同等次要求的序列处理。

四、各分类目标的内容要点

我国中小学品德教育目标,包括思想教育目标、政治教育目标、法纪教育目标和道德教育目标。各个教育目标又包含若干个亚层次目标。

1.思想教育目标的内容要点

思想教育目标主要包括科学的世界观教育目标和正确的人生观教育目标。科学的世界观教育目标是指通过科学的世界观教育,使学生逐步掌握辩证唯物主义和历史唯物主义观点,形成科学的世界观。科学的世界观,也叫马克思主义世界观,是无产阶级对世界的根本看法。科学的世界观是马克思、恩格斯批判地继承了有史以来人类精神文明的优秀成果,在工人阶级斗争的实践中创立的。它如实地揭示和反映了世界的本来面貌和发展规律,指导人们能动地改造世界,以实现人类最美好的崇高理想。科学的世界观是人类有史以来最进步的世界观,是人类认识世界、改造世界的强大思想武器。青少年正处于世界观形成时期。学校品德教育应把培养学生科学的世界观作为一个明确的目标,认真落实,使学生的科学世界观逐步形成起来。

人生观教育目标是指:通过正确的人生观教育,使学生以科学的世界观去观察和对待人生问题。人生观是人们根据一定的世界观,去观察和对待人生问题所表现出来的观点,是对人生问题的总的看法和态度,是待人处事的指导原则。人们的人生观不同,对于人为什么要活着,人生有什么意义,应该如何度过自己的一生等问题的认识和态度也就不同。正确的人生观就是共产主义人生观,也称"无产阶级人生观"或"革命的人生观"。这种人生观是在科学世界观的指导下,批判地继承了历史上各种人生观中的合理成分,在无产阶级革命实践中产生和形成起来的。它是人类历史上最进步、最高尚的人生观,是科学世界观的组成部分。

2.政治教育目标的内容要点

政治教育目标主要包括对民族、阶级、国家、政权、社会制度和国家关系等方面的立场、情感、态度的教育目标。通过政治教育,使受教育者热爱自己国家的政权和社会制度,拥护国家的大政方针,努力为国家既定的目标奋斗。政治教育中虽包括着思想观点、法制观念和道德思想等内容,但其重点是解决对国家、阶级、社会制度等重大政治问题的立场和态度。我国"基本国策教育目标"中的"党的基本路线"教育,就从属于政治教育范畴。它关系到国家性质、阶级关系、社会制度和国家的前途、命运。这些都是我国公民必须了解和必须遵守执行的。通过党的基本路线教育,使受教育者懂得我国正处于社会主义初级阶段。在现阶段,我国社会的主要矛盾是人民日益增长的物质文化需要同落后的社会生产之间的矛盾。我国社会主义社会的根本任务是进一步解放生产力,发展生产力,逐步实现社会主义现代化,并且为此而改革生产关系和上层建筑中不适应生产力发展的方面和环节。明确各项工作都要把有利于发展社会主义的生产力,有利于增强社会主义国家的综合国力,有利于提高人民的生活水平,作为总的出发点和检验标准。

3.法纪教育目标的内容要点

法纪教育目标,主要包括民主与法制教育目标和纪律教育目标。民主与法制教育目标,是指通过民主与法制教育,使青少年一代从小就受到民主与法制的陶冶和训练,养成民主与法制的基本观念。自觉纪律教育目标,是指通过自觉纪律教育,使年轻一代养成自觉遵守纪律的习惯和品质。

民主与法制教育,在我国是遵照社会主义民主的原则,建立人与人之间的平等关系和个人与社会之间的正确关系。而社会主义民主的建设又必须同社会主义法制建设相结合,所以社会主义的民主法制是密不可分的。只有用健全的法制调节人们的行为,才能保证民主,保护人民的合法权利,使人们的劳动、工作和学习、生活有节奏地进行。对年轻一代的民主与法制教育,也是一种权利与义务的教育。一个人生活、劳动在社会群体中,他是社会的主人,有享用社会给予他们的一切的权利。

同时他也有保障社会正常运行应该尽的义务。权利和义务是不可分的。权利和义务的观念必须同时树立起来。

自觉纪律教育,在我国,是使受教育者认识自觉遵守纪律对保证社会的正常秩序和劳动、生活、学习的重大意义,以及养成自觉遵守纪律的习惯和品质。纪律是人们进行正常生活、学习和劳动的必要前提。在不同的社会,纪律的性质是有区别的。在人民当家做主的社会主义国家里,纪律具有自觉遵守的性质。自觉地遵守纪律既是教育的结果,又是教育的手段。

4.道德教育目标的内容要点

道德教育目标,主要包括社会主义人道主义和社会公德的教育目标等等。

社会主义人道主义和社会公德教育目标,是指通过社会主义人道主义和社会公德的教育,使学生形成热爱人、尊重人、信赖人、同情和帮助弱者;以尊重、信任和平等、友爱的态度对待和处理人际关系;正确地认识、理解和模范地遵守社会公德,并把这一要求内化为受教育者的意识和形成良好习惯。社会主义人道主义,是在吸收了文艺复兴以来人道主义精华的基础上形成的。人道主义在其产生时就是一种重要的公德。它主张尊重人、信赖人,提倡人与人之间的友爱、平等与互助。尊重人的地位、价值,强调发扬人性。这些美好的愿望在剥削阶级占统治地位的社会里是不可能实现的。到了社会主义社会,由于消灭了剥削、压迫,建立了人与人之间平等友爱、团结互助的新型关系,社会主义人道主义才能得到充分发扬。我国的精神文明建设的重要任务之一,就是发扬社会主义人道主义,建立这种新型的人际关系。

社会公德,也称"社会公共生活准则",这是人们在长期的共同生活实践中逐步形成的。为了维护人们的正常生活,人们必须共同遵守的最起码、最简单的道德准则。这种准则自形成以后，就代代相传，并得到不断的补充和发展。它不是一定阶级特有的规范。它的功能在于保证每一个人，乃至整个社会生活的正常运行，防止发生危害公共生活的各种不良现象，如遵守公共秩序，维护社会生活的安定，互相帮助，尊敬师长，以及爱护弱者和妇女儿童等。社会主义条件下的社会公德，除了要求人们保持以往社会中仍有现实意义的公德外，还要求人们爱劳动、爱科学、爱护公共财物等。

上述四方面的品德教育目标，既各有其自身的特定内容，又是一个不可分的、有着内在联系有机的整体。它们各自的内容要点，也就是其亚层次目标之间，存在着渗透性、互补性、交叉性、包容性和依存性。所以再把亚层次目标与上述四方面上位目标相对号，分成相关的四个部分，就会出现难于划分和归属复杂的状况。据此，我们从品德教育总目标和其下位的四个品德教育分目标出发，提出以下数项亚层次目标。这些亚层次目标，对实现上述四方面品德教育目标，虽各有侧重，却都具有一定的意义。这些下位目标，不仅包含着其上位目标的基本内容，而且还会成为一些具体的品德教育过程中便于操作，有具体的要求和标准，可以指导、监督、检查、评估一个具体品德教育过程的指针和尺度，所以，这对品德教育实践是十分重要的。

亚层次目标包括：社会主义人道主义和文明行为教育目标，合作互助和集体主义教育目标，爱国主义教育目标，社会主义教育目标，爱劳动、爱科学、爱劳动人民的教育目标，艰苦奋斗教育目标，勤俭节约、文明消费教育目标，职业道德教育目标，性道德教育目标，生态环境道德教育目标，民主与法制教育目标，纪律教育目标，自治自理教育目标，开拓创造精神教育目标，务实求真教育目标，基本国策教育目标，国防教育目标，无神论教育目标，科学人生观、世界观教育目标，远大理想教育目标，等等。

第三节　我国中小学品德教育的目标

近年来,不少教育理论工作者对品德教育目标从不同的角度,进行了精心地设计。为我们学习、研究这个问题提供了一定的素材,下面我们选择一些不同的案例,进行介绍和分析。

一、小学的品德教育目标

"六五"教育科研规划重点项目《我国学校政治思想道德教育大纲研究》北京师大课题组,对由幼儿园到大学的品德教育大纲,都进行了实验、研究和探索,并取得了有价值的成果。他们提出的《小学思想品德教育大纲》是把教育对象分成低、中、高三个年段,把目标和内容分成十几项进行设计的。

(一)爱国主义教育目标

1.知的方面

(1)低年级:①我们的国旗是五星红旗。我爱国旗。②我们的国歌是《义勇军进行曲》。③我国的国庆节是十月一日。④我国的首都是北京。我爱北京。⑤可爱的学校是祖国的一部分。我爱学校。⑥知道几个爱国英雄的小故事。

(2)中年级:①国旗、国徽、国歌是国家的象征。②认识祖国的版图。③祖国地大物博,历史悠久,文化灿烂,要爱祖国的山山水水和文化艺术。④可爱的家乡是祖国的一部分。我爱家乡。⑤祖国的每一寸土地(领土、领空、领海)都神圣不可侵犯;祖国的坚强保卫者是中国人民解放军;中国人民解放军的建军节是八月一日。⑥知道几个保卫祖国的战斗英雄或民族英雄的故事。

(3)高年级:①我国的人民政府为人民办事。要拥护人民政府。②知道和热爱我国的主要领导人。③祖国是统一的多民族的国家;台湾、香港、澳门是祖国的一部分。了解一点国家对台湾、香港、澳门的有关政策。④祖国还不富强,改变祖国落后面貌是自己的神圣职责。⑤初步知道我国是属于发展中的国家。初步知道反对霸权主义、维护世界和平是我们要做的主要三件事之一。⑥知道几个杰出人物忠于祖国、为祖国做贡献的故事。

2.行的方面

(1)低年级:①升降国旗时,要立正、脱帽、敬少先队礼。②奏国歌时,要立正。③积极参加国庆节庆祝活动。④关心学校工作,阅读《新少年报》。⑤为美化学校和街道做一些力所能及的事情。⑥热爱为祖国做出贡献的人。⑦憎恨破坏祖国建设的人。⑧为祖国的新成就而高兴。

(2)中年级:①会唱国歌。唱国歌时要立正。②热爱祖国的名胜古迹,不污损珍贵文物。③喜欢祖国优秀的美术、音乐、舞蹈等。④关心家乡的变化,为美化家乡、建设家乡做一些力所能及的事情。⑤积极参加各种支援祖国建设的社会活动。⑥尊重解放军,积极参加慰问军烈属活动。⑦缅怀为祖国牺牲的先烈,并用他们的崇高精神策励自己的行动。⑧关心国家大事,阅读《中国少年报》。

(3)高年级:①遵守人民政府的各项规定。②勇于向侮辱和损毁我国国旗、国徽、国歌的人作斗争。③绝不做有损于祖国荣誉和尊严的事情。④各民族互相尊重,平等相处。⑤关心、支持祖国统一大业,反对分裂和背叛祖国的行为。⑥关心祖国建设和经济发展,学习做祖国的小主人。⑦关心国内外大事,收听广播,收看电视的新闻节目。⑧关心和支持世界各国人民反对外来侵略、反对霸权主义、维护世界和平的斗争。⑨团结友爱全世界各国人民及少年儿童,尊重他们的生活习惯。

(二)劳动教育目标

1.知的方面

(1)低年级:①我们的衣、食、住等都是人创造出来的。要爱劳动,爱劳动人民。②劳动光荣,懒惰可耻。自己能做的事情自己做。③知道几个热爱劳动、勤俭节约、爱护公物的故事。

(2)中年级:①爱劳动是人的美德,不劳而获是剥削阶级的寄生生活。②劳动成果来之不易。③节约光荣,浪费可耻。④知道几个勇于改革、勤劳致富的小故事。

(3)高年级:①幸福生活要靠辛勤劳动去创造。劳动不分贵贱高低。②劳动创造财富。热爱和尊重劳动人民,尊重他们的劳动。③公共财产不可侵犯。④艰苦朴素是我国人民的优良传统。⑤知道几个劳动模范的故事。

2.行的方面

(1)低年级:①学会自己的事情自己做:铺床叠被、穿衣、洗手绢、整理书包、削铅笔等。②完成值日生工作,学会扫地、擦桌椅,并保持环境的整洁。③在教师的指导下,自己动手布置教室的环境。④在学校和家里,找到自己的劳动岗位。⑤爱惜劳动成果:桌椅、图书、文具、食物、花草树木、庄稼、牲畜等。⑥节约用水用电等。

(2)中年级:①有劳动热情,养成劳动习惯。②学会料理简单的家务,如收拾屋子、擦玻璃、洗衣服、钉扣子等。③自己动手学会简单修理课桌椅和文具等。④积极参加一切利民劳动。劳动中不怕脏和累。⑤注意节约,不随便乱花零用钱。⑥生活俭朴,不比吃穿。⑦鄙视不劳而获、少劳多获,损害国家、集体和人民利益的投机取巧行为。⑧爱护公共财物。

(3)高年级:①热爱农业劳动和平凡劳动。②愿意从事体力劳动和脑力劳动。③初步具有独立料理自己生活的能力。④学会用自己的双手整理、美化学习和生活的环境。⑤学会使用几种简单的劳动工具,掌握几种简单的劳动技能。⑥积极参加一些力所能及的公益劳动和社会服务性劳动。⑦勤工俭学,用自己的劳动所得支付一些学习、生活费用。⑧同损坏国家和集体财产的行为作斗争。⑨同贪污、盗窃国家和集体财产的行为做斗争。⑩衣着朴素大方,不比阔气,不图虚荣。

前面我们介绍了小学的两个方面、三个层次的品德教育目标,设计者把爱国主义教育目标、劳动教育目标,分解成知与行两个基本要素,按照低、中、高年级组成三个层面的序列。这个序列既体现了社会生活实践对不同年龄阶段学生的要求,又适合受教育者心理发展水平、认识能力和知识、经验的状况。把对低、中、高年级的要求既区别开来,又使其有内在的连续性,使三个不同的层面,具有承前启后,循序渐进的动态关系。如爱国主义教育目标,对小学低年级学生的要求是,只要能够做到一般地了解与祖国有关的简单知识,升降国旗时立正、脱帽,积极参加国庆活动等,就可以了。对中年级的要求,就提高了一步,有了一定的概括性,像要求学生要知道国旗、国徽、国歌是国家的象征;家乡与祖国的关系;人民解放军与祖国的关系;会唱国歌,热爱祖国的名胜古迹;美化家乡,为家乡建设做一点力所能及的事情。对于高年级的要求,在中年级的基础上又提高了一步。要求他们正确认识国家与政府的关系,政府与人民的关系以及对政府应有的正确态度。在祖国还不够富强的情况下自己对祖国应有的责任感;遵守政府的规定,勇于同侮辱和损毁国旗、国徽、国歌的人作斗争等等。对低年级、中年级、高年级的要求,都存在着循序渐进地,承前启后地量与质逐步丰富和提高的关系。

这两个目标,层次既分明,内在的联系紧密。前者是后者的前提和基础,后者是前者的继续和发展。可见这样的目标,是具有一定的理论价值和实践意义的。

二、中学品德教育的目标

《我国学校思想政治道德教育大纲研究》广东课题组,对大纲中品德教育目标序列化问题也做了实验、研究和探索。他们在《中学品德教育大纲的设想》中,对中学品德教育目标进行了序列设计。我们仅就初中的品德教育目标序列,作以介绍和分析。他们把初中阶段的目标分解成理想信念方面、道德品质方面和作风素质方面三部分。

1.理想信念方面

(1)初中一年级:①加强集体观念,培养爱班爱校的感情;②了解家乡的变化和祖国的悠久历史,培养爱家乡、爱祖国的情感;③学习革命导师和先进人物的高尚道德情操,以他们为榜样,严格要求自己;④朝气蓬勃地迈进人生的新历程,共同建设美好的中学生活,争取做个优秀少先队员和好学生,要有生活热情,有政治上进心。

(2)初中二年级:①了解祖国的发展,认识祖国发展与个人成长的关系,深化爱国感情;关心社会公益和群众疾苦,培养热爱人民的感情;②了解中国共产党和社会主义事业的发展史,学习优秀共产党员青少年时代的伟大志向,并以此鞭策自己;③认识一个人的成熟必须把生理成长和思想成长结合起来,必须珍惜青春年华,培养高尚情操;④能正确对待学习、生活中的挫折和困难。

(3)初中三年级:①把热爱祖国的感情体现在适应社会要求,接受社会挑选的行动上;关心世界人民的正义事业和疾苦;②正确理解社会主义事业的成就和现状,认识党在社会主义事业中伟大的历史作用,确立服从党的领导的观念;③为祖国的四化建设事业立志成才,争取成为优秀毕业生;④把自己的个性才能、愿望和追求与社会的需要结合起来,正确对待第一次面临的社会选择。

2.道德品质方面

(1)初中一年级:①做到互相关心、互相爱护、互相帮助、团结友爱,增强集体荣誉感;②了解《中学生守则》和校纪、班规的内容,养成良好的行为习惯;③运用礼貌语言待人接物,不骂人、不打架,不损害他人利益;④积极参加校内外生产性、公益性和家务劳动,体验对社会的义务感。

(3)初中二年级:①乐于助人,热心公益活动,培养高尚友情,服从集体生活的准则,增强对社会的义务感;②增强法制观念和抵制不良影响的能力,自觉遵守法纪,正确处理自由与纪律的关系;③讲究言行礼貌,仪表大方,尊重他人;④学习劳动人民的优秀品质,养成自觉参加校内外生产性、公益性劳动和家庭劳动的习惯。

(3)初中三年级:①懂得处理集体生活中的矛盾,立志为人民服务,增强社会责任感;②提高遵纪守法的自觉性,维护他人的合法权益,学习正确处理民主与法制、民主与集中的关系;③初步懂得现代社会交往的礼节,以礼貌待人;④把个人的学习与生活和国家的建设联系起来,以劳模为榜样,关心与支持当地的建设,具有独立劳动的本领。

3.作风素质方面

(1)初中一年级:①形成勤奋认真的学风,养成良好的学习习惯;②初步懂得有条理地安排一天的学习和生活,学会收集信息;③积极参加文体活动,陶冶情操,领略健康的审美意识,保持个人和环境卫生,养成良好的卫生习惯;④培养活泼、热情、主动的性格,初步的独立学习和独立生活的能力,以及学习和评价他人、辨别是非的能力。

(2)初中二年级:①形成刻苦、踏实的学风,注意改进学习方法,懂得有节奏地安排一周的学习和生活,积极参加课外活动,学会收集和整理信息;②培养个人的文体活动专长,略懂一些欣赏和评价艺术的知识,培养健康的美感;③注重生理、心理卫生,建设卫生、优美的环境;④培养自尊、自爱、自强、谦逊、谅解的素质,具有初步的自治、自理和自我教育的能力,懂得评价自己,开展批评与自我批评,具有一定的辨别美丑的能力。

(3)初中三年级:①形成刻苦钻研,努力拼搏的学风,掌握较科学的学习方法,提高学习效率。懂得全面协调和安排一段时间的学习和生活;②发挥个人的文体专长,积极开展文体活动的欣赏、评价艺术的活动,培养健康的审美能力;③注重用脑卫生,劳逸结合。积极创造雅洁优美的环境;④培养自尊、自强、乐观、正直的素质,具有自我教育能力、社交能力和应变能力,具有较全面地评价自己和他人的初步能力,以及一定的荣辱辨别能力。

初中品德教育目标的设计,有其自身的特点。在分类上,教育者从品德教育过程的实际情况出发,把整个第三层次的品德教育目标归纳为:理想信念、道德品质、作风素质三大类。这种归类体现了具体的品德教育目标之间的包容性、渗透性、互补性和交叉性的特点,便于在品德教育过程中的操作,避免了分的过细难于把握的缺点。

各类目标层次要求的序列化程度也是比较鲜明的。如"理想信念方面"体现在爱国主义教育的要求上;初一,教育学生做到了解家乡的变化和祖国的悠久历史,培养爱家乡、爱祖国的感情;初二,还要在此基础上提高一步,要了解祖国发展的前景,认识祖国发展和个人成长的关系,并在此基础上深化自己的爱国感情;到了初三,还要做到使爱国之情成为一种动力,鞭策自己努力成为适应祖国建设多方面需要的选择。同时,还增加了国际主义精神方面的要求,要学生做到"关心世界人民的正义事业和疾苦"。这显然是一个层次分明,内在联系紧凑的目标序列。这样的目标,必然会在品德教育过程中,起到便于操作、承前启后的积极作用。

又如"道德品质方面"体现在集体主义教育的要求上,初一,做到互相关心、互相帮助;初二,就进了一步,要学生做到乐于助人,热心公益活动,增强对社会的义务感;到了初三,学生在这方面应该达到懂得处理集体生活中的矛盾,立志为人民服务,增强社会责任感。这个具体目标序列的设计,也是既有鲜明的层次,又是后者在前者的基础上提高、发展,体现一种承前启后,循序渐进的关系。

第三章　品德教育的原则和方法

第一节　品德教育的原则

品德教育原则是根据教育目的、品德教育目标和品德教育科学规律提出的指导品德教育工作的基本要求。它把握思想方向,遵循品德教育规律,指导着品德教育工作的各个方面及整个进程。对于制定品德教育大纲、确定品德教育内容、选择品德教育方法等方面,均具有普遍意义的指导作用。

在品德教育过程中,教育者、受教育者和品德教育内容及方法等要素间存在着复杂的矛盾关系。其中一些矛盾关系是基本的,如教育者与受教育者、教育者与品德教育内容及方法、受教育者与品德教育内容及方法的关系,教育者提出的品德教育要求与受教育者已有品德水平的矛盾等等。品德教育原则就是用以正确处理和解决品德教育过程中基本矛盾关系的基本要求。通过适当的品德教育途径、恰当的品德教育方法,从而有效地实现品德教育内容,达到品德教育目标,最后达到教育目的。

品德教育原则是品德教育实践经验的科学抽象与概括。在品德教育发展的历史过程中,随着品德教育实践的不断发展,人们对品德教育的认识也在不断发展和加深。经过反复实践,人们的认识便产生了飞跃,由对品德教育经验的描述跃为科学的理论概括,其中就包括各种各样的品德教育原则。这方面,历史上的中外教育家、思想家为我们留下了丰富的遗产。我们今天确立现代中小学品德教育的原则应遵循唯物史观的要求对这些遗产进行历史地、具体地分析评价与继承和发展。一方面要对其所处的社会背景、时代烙印做客观地分析；另一方面以是否适用和有益于今天的中小学品德教育实践来检验其正确、进步与否，从而吸取其合理内核，并以之为制定现代中小学品德教育原则的借鉴。

品德教育原则是在对品德教育规律科学认识的基础上，为达到一定的品德教育目标和教育目的而制定的对品德教育工作的基本要求。我们知道，品德教育规律、目的和品德教育目标均受制于社会发展、儿童身心发展及在二者相互作用下品德形成发展的规律。因此，品德教育原则也必然要反映社会发展、儿童身心发展，特别是品德形成发展规律的客观要求。

在我国现代条件下，确立中小学品德教育原则要从我国社会发展的现实出发，充分认识到我们正处于社会主义的初级阶段。它既不同于资本主义又不同于社会主义高级阶段，同时也要看到社会生产和科学技术飞速发展对品德教育工作的影响，认识到现代生产、现代科学与社会主义市场经济条件下产生的民主、科学与法律观念已成为现代品德教育的重要内容。

现代中小学品德教育原则的确立还需正确认识中小学生身心发展，特别是品德发展的具体规律，如学生品德发展的顺序性与阶段性、稳定性与可变性、不均衡性与差异性等。这里有两点要特别强调：一是要以儿童品德发展的年龄特征为依据，同时考虑到儿童品德发展的"关键期"，从而使品德教育与学生品德发展的"最近发展区"的"明日"水平、程度相适应，进行"发展性品德教育"。二是必须针对现代中小学生品德发展的时代特征。现代社会改革开放引起整个社会思想意识发生深刻变化，人们思想更为活跃与开放，这在青少年品德发展中表现出品德认识的主体性、独立性增强，参与意识也随之增强。同时，社会转型时期，人们所遇到的观念上的冲突，也导致了现代青少年品德认识结果上的多样性。

总之，现代中小学品德教育原则的确立要根据社会主义教育目的和品德教育目标，批判、继承历史上品德教育原则的有益资料，科学地揭示品德教育客观规律，并在此基础上紧密结合现阶段社会发展、中小学生身心发展，特别是品德发展的时代特征，从而有效地指导品德教育实践。

源于以上认识，我们认为现代中小学品德教育应注意遵循下述原则。

一、方向性与现实性相结合原则

这一原则是指在现代中小学品德教育中，既要坚持以马克思主义为指导，又要从社会主义初级阶段的现实出发，实事求是，讲求实效地进行社会主义品德教育。

我国正处于社会主义初级阶段，现代中小学品德教育属社会主义初级阶段的具有社会主义初级性的品德教育，这是由社会制约性这一基本规律决定的。一方面，社会主义初级性品德教育属社会主义、共产主义品德教育范畴，而坚持共产主义方向性是社会主义品德教育的阶级性和培育新人的要求，也是我们进行品德教育的政治方向的根本保证。因此，现代中小学品德教育也必须坚持共产主义方向性。另一方面，现代中小学品德教育又从社会主义初级性品德教育的现实出发。我们现阶段改革开放进一步深化，加速发展社会主义市场经济等举措在给学校品德教育带来有利条件和积极影响的同时，也产生了一系列消极影响和新的问题。现代中小学品德教育应从现实可能与需要出发，才能真正落到实处，取得实效。

现代中小学品德教育贯彻这一原则，首先要以马克思主义为指导，品德教育的内容、方法、形式以及一切品德教育活动都必须符合马克思主义，这是坚持社会主义、共产主义方向性的根本要求和保证。其次在品德教育工作中，既要坚持用共产主义思想道德体系教育学生，使他们了解共产主义基本理论,向往和追求共产主义远大目标,并引导他们逐步树立共产主义的人生观和世界观,又要考虑当前政治经济与人们思想实际,进行符合社会主义初级阶段现实和要求的思想政治准则和法纪道德规范的教育。例如学校品德教育进行集体主义教育时,既要弘扬不计个人得失、公而忘私的"雷锋精神",又要肯定市场经济条件下人们对物质利益和个人正当利益的追求。再次,教师要引导学生把自己日常的学习、生活、工作和劳动同建设社会主义现代化强国、最终实现共产主义理想联系起来。教育学生从我做起,从现在做起,从小事做起,使社会主义、共产主义思想道德渗透于他们学习、生活中的各个方面,成为推动个体品德成熟的动力。

二、知行统一原则

这一原则是指现代中小学品德教育既要坚持马克思主义理论教育,又要重视实际锻炼;既要提高学生的品德认识,又要使学生做出相应的品德行为,从而使学生成为知行统一、言行一致的人。

认识是行动的先导,没有正确的认识就不会有正确的行为。因此,现代中小学品德教育必须对学生进行马克思主义理论教育,提高学生品德认识水平,以指导学生的正确品德行为,防止盲目错误行为的出现。同时,行动是认识的目的,提高学生品德认识的目的在于指导学生的品德行动。没有变成品德行动的认识是浮浅的、无实际意义的,"道德准则,只有它们被学生自己去追求、获得和亲身体验过的时候,只有当它们变成学生个人信念的时候,才能真正成为学生的精神财富"。因此,现代中小学品德教育应加强实际品德行为的锻炼和训练,使学生的品德认识在活动与交往中得到巩固、加深和发展,并进一步去指导学生正确的品德行为。这样,使学生品德的知与行统一起来,才能真正实现品德教育目标,培养真正有德的人。

贯彻这一原则,首先要对学生进行系统的马克思主义基本理论和社会主义政治、法纪和道德规范教育。进行这种教育的中心是搞好显性的品德教育教学，但同时必须充分发挥其他文化课教学及各种隐性的和显性的品德教育活动课程的作用。要注意理论教育联系实际，以使学生品德认识建立在生动、丰富的感性材料的基础上，防止空洞说教。

其次，要组织学生参加多种实践活动，在实践中引导学生运用所学理论解决实际问题，从而巩固认识，培养良好的行为和习惯。学生的主要实践活动包括学习活动、各种集体活动及工农业生产劳动、公益活动、社会政治活动等社会活动。在学生参加实践过程中要注意引导他们运用所学理论去分析、评价、解决实际中的思想道德问题，培养学生辨别是非和解决问题的能力，并在此过程中提高认识，陶冶情感，锻炼意志，坚定信念，培养良好的品德行为习惯，完成知行统一。

再次，教师评价学生品德时要全面。既看其动机，又看其行动；既要看认识，又要看实践。而且教师自身必须言行一致，言教与身教相结合，为学生做出榜样。

由于社会原因和品德教育自身的不足，现代中小学生品德教育面临的两大难题之一便是学生的"虚假道德"、"面具人格"问题极其严重，因此，知行统一原则的贯彻在当前更具有重要的现实意义。

三、说理疏导与纪律约束相结合原则

这一原则是指现代中小学品德教育应坚持说理启迪，疏通引导，启发自觉，调动学生的自主性与积极性，同时辅之以必要的纪律约束，以使学生品德健康发展。

品德教育过程是教育者与受教育者双方自觉能动地活动、完成受教育者品德成长的过程。学生是这一过程的主体，教育者的教导、品德教育要求等外在影响必须通过受教育者这一主体自觉努力，内化为自己的需要并转化为外在的品德行为才能实现。特别是现代社会条件下，学生

品德发展的主体性、独立性增强,因此品德教育过程中,应将学生当作主体,通过说理启迪,讲清道理,疏通引导,启发自觉,调动学生的积极性、主动性。同时,中小学生正处在世界观的形成、发展时期,虽有主体性要求,毕竟知识经验少,辨别是非能力不强,而且自我控制、自我调节能力尚未得到很好的发展,还需要外界给予一定的制约,所以,必要的规章制度的约束和引导是其品德成长的保证。

贯彻这一原则,首先,要坚持正面说理,疏通引导。通过摆事实,讲道理,使学生掌握马克思主义的基本理论,提高品德认识水平。在说理过程中要注意疏通和引导,启发学生去自觉地分辨是非,只有这样才能真正说服学生,使学生知理、明理,切实提高品德认识能力。切忌那种不讲道理,压服学生的工作方法。

其次,要以表扬、鼓励为主,批评、处分为辅。现代中小学品德教育工作者要了解学生自尊心强和积极向上的心理特征,注意尊重、维护学生的自尊心,并善于抓住心理契机,调动其追求品德、践行体验的积极性、自觉性来达到教育目的。对于一些一时失足犯了严重错误的学生,尤其要照顾其自尊心,坚决避免简单粗暴、讽刺、挖苦的方式,更不可体罚和变相体罚。

再次,要建立必要的规章制度,使说理疏导与纪律约束相结合。规章制度是对学生应该怎样做和不应该怎样做的具体规定。它不仅带有正面引导的性质,而且具有一定的强制约束性,对于正处于成长阶段而未成熟的青少年非常必要,是培养其自我品德控制能力和良好品德行为习惯的必要手段。并且要注意通过说理疏导,启发学生自觉遵守规章制度,将耐心细致的说理疏导与必要的、严格的纪律约束结合起来,从而使说理教育落到实处,规章制度也实现其应有的教育作用。

四、发扬积极因素,克服消极因素原则

这一原则是指现代中小学品德教育必须辩证地看待学生,依靠和发扬学生品德中的积极因素,克服消极因素,并化消极因素为积极因素,促使学生品德健康顺利地形成和发展。

学生的品德是在其品德内部矛盾斗争中形成发展的,而每个学生的品德都是积极因素和消极因素的矛盾统一体。积极因素是形成学生良好品德的基础,是克服消极因素和抵制不良影响的内在力量。消极因素则是接受不良影响的基础。二者在一定条件下可以互相转化。品德教育过程中依靠并扩大学生品德中的积极因素,就能有效地克服消极因素;并促使消极、落后因素转化为积极、先进因素,从而使学生品德由不良变为优良,优良变为更优良。

贯彻这一原则,首先要一分为二地看学生。既要看到学生品德中的缺点、短处,更要善于发现其品德中的优点、长处。苏霍姆林斯基在《要相信孩子》中提出"从儿童进学校的第一天起,就应该善于看到并不断巩固和发展他们身上所有好的东西","只有在集体和教师首先看到儿童优点的那些地方,儿童才会产生上进心"。现代中小学品德教育工作者也应在实际品德教育工作中善于发现学生身上的积极因素,激发其上进心。对于学生一分为二地看待,既要看到一些学生在主要的品德优点、长处之下必然也有缺点和不足,又要看到另一些学生在明显的品德缺点、短处之下品德的"闪光点"。对于学生集体一分为二,既要注意发现学生集体中良好的品德倾向,加以鼓励提倡,也要及时发现学生集体中的不良品德倾向,加以积极引导,使其克服在萌芽状态中。

其次,教育者要善于帮助学生全面、正确地认识自己品德中的优点和缺点,并促使他们自觉开展品德内部矛盾斗争,有效地实现品德内部矛盾的解决与转化,从而发扬优点,克服缺点,不断进步。

再次,要针对每个学生的特点,因势利导,化消极因素为积极因素。如有的同学过分自信,听不进同学的不同意见和教师正确的批评教育,这显然是缺点,但同时"自信"是推动学生上进的极其重要的积极因素,只是由于"过分",它阻碍了视听,成为消极因素。因此,教师要利用学生自信心强的优点,克服自信"过分"的缺点,帮助学生正确认识自己,虚心听取他人和教师的意见,从而化消极因素为积极因素,推动学生品德健康成长。

五、尊重热爱与严格要求学生相结合原则

这一原则是指现代中小学品德教育既要热爱学生,尊重和信任学生品德发展的内在要求与可能,又要在此基础上向学生提出合理的、严格的要求。

苏联教育家马卡连柯说:"要尽可能地要求一个人,也要尽可能地尊重一个人。""我们对个人所提出的要求,就表示出对个人的力量和能力方面的尊重;而在我们的尊重里面,同时也表现出我们的要求。"的确,尊重热爱与严格要求学生辩证地统一于学校品德教育生活中。品德教育要求是品德教育的前提,尊重、热爱学生是有效进行品德教育的重要条件,同时也是提出正确品德教育要求的条件。严要出于爱,否则就会严得无理、无度。二者相互联系,相互制约,共同为有效进行品德教育创造条件。

贯彻这一原则,首先,要尊重信任学生。教师应尊重学生的人格和权利,尊重学生的自尊心、上进心和自信心。要善于做每个学生的知心朋友,要尊重学生对教师所提的批评意见与合理化建议,尤其要善于发现每个学生独有的"闪光点",这是激发其自尊、自信的强大源泉。

其次,要对学生的品德行为进行监督。要明确热爱不是溺爱,尊重信任不是无原则的迁就放任。俗话说:"严是爱,松是害,不管不教要变坏。"对学生品德中的缺点错误要进行严肃批评、教育,决不可姑息,要从小事抓起,防微杜渐。

再次,要根据学校品德教育目标和学生原有品德发展水平,提出正

确、适当、明确、具体、有序、有恒的品德教育要求。在要求中体现出对学生的尊重和信任,并利用学生品德心理发展的"最近发展区"原理,体现要求的弹性作用。要求要与现代中小学生品德发展的时代特征、个性特点相结合,使之符合现阶段社会发展及教育目标的要求,符合现代中小学品德发展的个性化要求。另外应注意使品德教育要求系统连贯、循序渐进,而且品德教育要求一旦提出就要坚持贯彻执行,切忌朝令夕改。

六、集体教育与个别教育相结合原则

这一原则是指现代中小学品德教育既要教育集体,又要在集体中通过活动、舆论、优良风气和传统教育各个成员。在对集体进行教育时,注意针对集体中各个成员的实际情况进行个别教育,同时,通过对每个成员的个别教育来影响集体,促进集体的形成、巩固和发展。

集体在品德教育活动中既是客体,又是主体。经过培养、教育的健全集体以其目标、要求、舆论、作风,赋予个体的权利和义务,集体成员间的互助协作等都成为品德教育的主体,具有巨大的教育作用。马卡连柯称之为"平行影响"的原则:教师要影响个别学生,首先,要去影响这个学生所在的集体,然后通过这个集体与教师一起去影响这个学生,使教育集体与教育个人同时、平行地进行。这样就能把教师的教育和学生集体的自我教育结合起来,促使学生自觉主动地按照外部品德教育的要求,提高自己的品德水平。同时,由于集体中的每个成员都有自己的特点,教育者须针对各个集体成员的具体特点和实际情况,搞好个别教育。这样将集体教育与个别教育结合起来通过集体教育个人,又通过教育个人促进集体的巩固和发展,最终实现品德教育目标和教育目的。

贯彻这一原则,首先,要努力培养和形成良好的学生集体。一个良好的集体可以培养学生各种优良品质,克服不良品德行为习惯,一个不好的集体则会使学生沾染各种恶习。要发挥学生集体的教育作用,前提是重视学生集体的培养,指导和帮助它开展集体活动,从而形成具有共同奋斗目标、严密健全的组织、坚强的领导核心、健康的集体舆论和良好的人际关系的学生集体。

其次,要善于运用集体心理的导向作用,发挥学生集体的教育作用。集体一旦形成,就成为相对于个体而存在的教育力量,充分发挥其教育作用,要使集体的奋斗目标成为其成员前进的力量,每个成员都为之实现而自觉要求自己,并积极为集体工作,从而培养学生的责任感和品德践行能力;要发挥学生集体领导组织机构的作用,通过他们将教师的意图转化为学生自己的要求;要发挥集体舆论对学生品德形成发展的导向作用;要通过集体中的人际交往培养学生互助、合作、关心、尊重他人的品质;并且要通过暗示、从众、顺应等群体心理机制,培养学生健康的群体心理和自我评价、自我调节、适应环境的能力。

再次,加强个别教育,把集体教育与个别教育相结合。在教育集体的同时,必须看到每个成员各具人性,个别教育是与集体教育紧密相联的过程,二者不可偏废。只抓集体教育,忽视个别教育,则个别学生的问题也会影响整个集体的巩固和发展;反之,孤立的个别教育必然陷于被动,不能形成健全的集体,集体对个人的教育作用也便无从谈起。总之,集体是个人获得全面发展的手段,个人的全面发展又是集体形成的条件。既要进行集体教育,又要进行个别教育,使每个学生在集体中充分表现和发展个性,而每个学生的个性都充分发展了,才可能形成真正健全的集体。

七、因材施教原则

这一原则是指现代中小学品德教育要从学生的年龄特征、个性特征和品德发展的实际状况出发,有针对性地进行品德教育。

中小学生尚处于生理、心理成长和发展阶段,其身心发展具有阶段性特征(具体表现为年龄特征)和个别差异性。可以说,不同年级、班级,乃至同一班级的不同学生的实际品德状况也既有共性又有个性,而每一个学生在不同年龄阶段,其品德发展也表现出不同的特征。因此,只有从学生的年龄特点和个别差异出发,从他们的实际品德状况出发,有针对性地进行教育,才能提出切合其品德发展实际水平和需要的品德教育要求,并将之转化为他们自身品德发展的要求,从而有效地促进其主体内部的思想斗争,使他们形成社会主义品德。相反,抹杀学生身心发展的年龄特征和个性差异,脱离学生品德实际,则难以将现代中小学品德教育工作落到实处,取得实效。

贯彻这一原则,首先,现代中小学品德教育的要求、内容、方法和组织形式要适合学生身心发展、品德发展的年龄特征。中小学生身心发展大致经历儿童期、少年期、青年初期这几个阶段。各阶段学生的身心发展各有特点,品德教育工作应在正确认识、把握这些阶段性特点的基础上,有针对性地开展。以各阶段自我意识发展水平与品德教育方法关系为例:儿童期,学生自我意识发展水平低,独立性差,则教师应注重自己的指导、示范和对学生的行为训练;少年期,自我意识迅速发展,独立性增强,他们不愿以外部规定约束自己的行为,有自己认定的道德准则,因此,对他们要用说理解释的方法,启发自觉,尊重其独立性;而青年初期,学生自我意识已发展到相当水平,具有较强的自我评价、控制能力和道德意志力,因此应多引导他们进行自我教育。

其次,要针对学生的个性特点进行品德教育。每个学生由于遗传、环境和教育的不同,在身心发展上都有各自的特殊性,形成各不相同的个性特点,可以说每个孩子都有一个独特的精神世界。因此,品德教育工作者必须根据各人的具体情况区别对待,针对每个学生的特点和"最近发展区",因人而异地进行品德教育。

再次,要从现代中小学生的思想特点出发进行品德教育。社会存在决定社会意识,不同的时代,学生的思想特点也会不同。在大力发展社会主义市场经济条件下,人们逐渐形成一系列新的道德行为规范和价值观念,同时社会转型期的人们也遇到了观念上的矛盾、冲突,这些对现代中小学生的思想产生了深刻影响,具体表现为思想品德认识的主体性和认识结果的多样性两大特征。教育者要关注、了解现代社会对学生思想的影响、学生如何看待当前社会以及二者关系,从而把握学生思想的发展变化和时代特点。针对这些变化和特点,引导他们以积极正确的态度看待当前社会现实,充分发挥学生的主体性,培养其历史责任感。

八、品德教育影响一致性和连贯性原则

这一原则是指现代中小学品德教育工作中,学校、家庭、社会各方面教育力量要互相配合、协调一致地对学生施加统一的、系统连贯的影响。

学生品德是在多方面教育影响下形成的,在学校有老师、团队、班集体等的影响,在校外有家庭、社区、社会环境的影响。如果各方面影响不一致,甚至相互矛盾,教育的作用就会被削弱,甚至抵消。尤其在现代社会条件下,由于生产、科技特别是现代通信技术、电脑技术的飞速发展,社会信息数量激增,传播渠道增多,传播速度加快,对中小学生产生了更广泛的影响,这又给现代中小学品德教育提出了如何正确协调、控制各方面影响的迫切要求。为了统一各方面的教育影响,控制和消除不良影响,形成系统一致的教育影响,现代中小学品德教育就要遵循整体性原则,使家庭教育、社会教育与学校品德教育密切配合、协调一致,形成一股统一的教育力量。

学生品德的形成、发展具有顺序性和阶段性,因此,不同阶段的教育内容和要求应该有所区别,但在总的发展方向上、进程上又要互相衔接,始终一贯,组成一个完整的体系。如果前后教育不连贯,就不能有效地引导学生的品德向前发展,从而影响教育效果。

贯彻这一原则,首先,校内各方面的品德教育影响要一致。校长要加强对品德教育工作的统一领导,使各方面教育力量按照统一的培养目标、品德教育要求、内容和计划,分工合作,共同对学生进行教育。在一个班上,班主任、团队组织、各科教师对学生的品德教育影响也必须一致。

其次,以学校为支点,建立学校、家庭、社会三者结合的立体品德教育网络,协调三方面的品德教育影响。借助特定的组织形式和沟通手段,统一教育观念、教育思想,如在教育责任上,家庭、学校、社会明确各自职责;在品德教育方式、方法上,取得共识,互相配合。通过品德教育网络的整合,学校、家庭、社会各方面影响形成一体化的品德教育系统,从而提高品德教育效果,促进品德教育目标的实现。

再次,加强品德教育的计划性与连贯性。应以社会主义思想道德体系为主导,有计划、有系统地安排各阶段的品德教育内容、活动、方法等。

最后,应将经常性品德教育与集中性品德教育相结合。对学生的品德教育应持之以恒地进行,以使学生的品德从微小的量变积累最终发生质变;同时,要紧密结合形势任务的需要和学生中出现的具有普遍意义或者重大的品德问题,有针对性地进行集中性品德教育,从而促使学生品德发生某种程度的质变。二者在实际品德教育工作中相互联系,相互促进;前者是后者的基础并巩固后者的成果,而后者是前者的必要补充和继续。二者不可分割,应该结合进行。

九、教育与自我教育相结合原则

这一原则是指现代中小学品德教育既要发挥教育者的主导作用,积极地对受教育者进行品德教育,又要发挥受教育者的主体作用,自觉主动地进行自我品德教育。

品德教育过程是教育者和受教育者共同参与，最终完成受教育者品德培养的过程。教育者的品德教育是受教育者品德形成、发展的外因，而受教育者通过自我教育推动品德内部矛盾运动，则是品德形成发展的内因，二者不可或缺。而且品德教育的最终目的是使受教育者无须教育者的教育而能自觉主动地进行自我品德教育，达到自我品德完善。现代社会条件下，青少年学生的主体性、自主性增强，参与性增强，品德教育工作者要充分尊重受教育者的自主性，认识到受教育者有自己的独立人格，是自己意识和行为的承担者，他们与教育者同为教育活动的主体。因此，现代中小学品德教育工作必须发挥双方的积极性，把品德教育与自我品德教育结合起来，特别要注意发展受教育者的自主意识，激发其自我教育的要求，指导其自我教育的方法，培养其自我教育的能力和习惯，以促进受教育者的自我教育，最终完成品德教育的目标。

贯彻这一原则，首先，要充分发挥教育者的主导作用。教育者要充分认识自己在品德教育过程中的地位和作用，自觉主动地承担起培养教育好学生的责任。一方面在把握好社会要求、学生品德形成发展规律及现有水平基础上，调控整个品德教育过程，引导学生品德健康、迅速地成长。另一方面，要以身作则，身体力行，用自己的先进思想、行为教育、引导学生。

其次，要充分发挥学生的主体作用。使学生认识到自己既是品德教育的客体又是品德教育的主体，启发、调动其进行自我教育的积极性、主动性、自觉性，指导他们对自己品德进行自我认识、评价和反省，帮助其制订自我品德教育计划，形成自我品德教育的能力。

再次，要将品德教育与自我品德教育结合起来。二者在品德教育过程中相互制约、相互推动。教育者的品德教育是学生自我品德教育的基础和前提，而学生的自我品德教育又是教育者品德教育实现的动力和结果，并对之不断提出新要求。在实际品德教育工作中二者不可割裂、不可偏废,只有二者结合进行,才能够促进学生品德健康发展。

以上九条品德教育原则并不是彼此孤立、各自发挥其作用的,而是相互联系、相互渗透,共同组成了完整的品德教育原则体系来完成对品德教育工作的指导,因此,在实际工作中应综合运用。

第二节　品德教育的方法

一、品德教育方法的概述

"方法"一词,英语为"method",来源于希腊文的"metodos",原意为沿着一定的路径(前进),也就是以一定方式或程序开展活动,从而达到目的的意思。品德教育方法因此可以定义为教师和学生在品德教育过程中为达成一定的品德教育目标而采用的有一定内在联系的活动方式与手段的组合。

要正确理解品德教育方法的概念,我们不妨从理清品德教育方法与品德教育方式、品德教育方法与品德教育手段,以及品德教育方法与品德教育目标之间的关系开始。

品德教育方法在生动和具体的品德教育教育过程中可以分解为一系列具体的活动细节或组成部分,我们称之为品德教育方式。品德教育方法可以理解为具体品德教育方式的合理组合。例如:我们在道德知识的教学中运用"讲授法"(或教授法)时,可以采用介绍信息的方式、活跃注意的方式、加速识记的方式(即采用各种记忆、联想的方法等),比较、对比、划分要点、归纳和演绎等逻辑推理的方式,等等。道德教育中所讲的讲授法实际上就是这些具体教育方式的组合。品德教育方式对品德教育方法来说具有局部、从属的性质。但是品德教育方法与品德教育方式之间又是彼此联系的。没有具体的品德教育方式,也就无法形成由这些方式组成的有联系的组合即品德教育方法。同时,品德教育方式和方法在一定教育情境中又是可以互相转化、互相代替的。在某种情况下,品德教育方法是达成品德教育目标的独立途径,而在另一种情境中,它又可能成为带有局部工具效应的教育方式。例如:谈话法是形成一定价值观念的基本教育方法之一,但在另一种情况下,实施情境陶冶或讲授法的过程中,它又可能只是组成整个大的品德教育方法的具体教育方式之一。教育方式具有相对独立的意义,它在不同教育方法中的意义与作用并不一样。当然,如果不组合成教育方法,教育方式本身往往就是无意义的。

品德教育方法与品德教育手段也是相互区别和联系着的一对概念。品德教育手段主要是指道德教育活动的工具、载体及其应用,如直观教具、阅读材料、辅助读物、艺术作品、电子媒介手段及其运用(包括 CAI,即计算机辅助教学)、计算机网络及其应用等。教育方法、品德教育方法之所以能够丰富多彩,原因之一就是因为教育手段的形式多样,机动运用的余地较大。品德教育方法不仅是教育方式的组合,也是教育手段的有联系的组合。同一教育手段也可以从属于不同的教育方法、品德教育方法,为不同的品德教育方法所采用。

由上可知,品德教育方法从形式上看,可以理解为一定品德教育方式和品德教育手段按照某种方式进行的有联系的组合。但是"按照某种方式进行有联系的组合"并不是无缘无故的。一定的品德教育方式、手段之所以以这样或那样的模式组合起来,主要的依据乃是品德教育目的和品德教育目标。但一定的品德教育目的,具体说,一定的品德教育目标总是要通过品德教育内容和品德教育方法的中介才能够实现的。学校品德教育活动的自觉性不仅表现在它具有明确的品德教育目标,而且表现在在一定的品德教育目标指引下,道德教育活动的内容和方法是经过审慎的选择和有意识的安排。所以就品德教育方法的实质而言,我们在前面将它定义为"教师和学生在品德教育过程中为达成品德教育目标而展开的有秩序和相互联系的活动方式与手段的组合"。

品德教育方法是品德教育活动目标达成的中介。所以品德教育方法的选择往往会受到道德教育过程内外各方面因素的影响。从宏观的角度看,品德教育方法会受到一定的社会文化、政治、经济发展和体制因素等方面的影响。所以我国的许多品德教育论著作都一致指出:品德教育方法有一定的历史性和阶级性。不过从教育理论的立场出发,在品德教育过程之内进行品德教育方法决定因素的分析是品德教育原理需要着力的重点。一般说来,直接影响品德教育方法选择的主要因素可以概括为以下几个方面。

　　第一,教师和学生因素。教师方面,首先必须考虑的是教师作为具体品德教育活动主体的特点,即优势和不足。从事品德教育活动的教师宜选择那些能够发挥自身特长的品德教育方法,尽力避免选择那些自身条件不足因而可能为某种方法所拖累的品德教育方法。在学生方面,最主要的考虑是特定学生及其群体的道德发展水平、实际的道德经验、身心发展实际、文化背景、兴趣和个性、特长等等,以做到因材施教。

　　第二,对品德教育过程的理解与设计。品德教育过程不仅影响对品德教育过程的解释,而且影响对具体品德教育活动过程的设计,影响到教育方法的选择。当一个教师将品德教育理解为传统的赫尔巴特式的教育过程时,其品德教育方法可能已经选择以讲授法等"灌输"的方法为主。而当教师接受杜威式的品德教育过程观时,让学生在道德生活中学习,或者提供必要的材料,鼓励学生进行假设、推理和发现的所谓价值体验、价值澄清的方法等就会成为教师的首选。同理,依据具体的品德教育任务,教师怎样设计某一具体的品德教育的活动过程,也就影响教师对具体品德教育方法的选择。

　　第三,教育过程其他要素的影响。这里讲的"其他要素"主要指品德教育目标、品德教育内容和品德教育手段等。如前所述,品德教育方法当然要以品德教育目标为最根本的选择依据。同时，品德教育方法为了完成一定的品德教育目标，还必须与相应的品德教育内容相适应。这就是说，要考虑到具体教学内容去选择教育方法。比如，教育内容决定着品德教育方法不同于体育方法，同时，在以道德知识传授为主要内容的教学过程中与以道德规范训练为主要任务和内容的品德教育过程中，教师也宜选择相应不同的教育方法。教育手段是指具体的教育活动的工具形式和媒体手段等。应当考虑不同的教育手段的实际来设计教育方法。比如在电化设备具备且需要应用时，即使同样使用讲授法，也会与传统的讲演法等有显著的不同。目前，教育手段、教育技术上的迅速变化，如计算机辅助教学（CAI）以及教育网络化时代的到来也正在对传统的教育方法提出了进一步改进的要求。品德教育方法应当根据品德教育过程的所有条件和要素来决定。

我们知道，品德教育过程是一个诸多要素组成的巨大系统。品德教育方法的决定有时会使人有一种面对抉择条件目不暇接的感觉。所以需要建立一种综合起来的抉择标准。这一标准可以表达为最为经济地达成最大、最佳的预期品德教育效果。这一表达可以分解为两个有机联系的方面。其一，是最大、最佳的品德教育效果，这主要指对品德教育目标的完成上取得最大的正面成效，同时避免产生不良作用，使负效应控制在最小的程度。其二，是用最为简单、负担最轻的方式去取得上述效果。最佳的品德教育方法应当是两者兼备和两者的统一。

何谓"最大、最佳"的教育效果？我们已知道品德教育方法只不过是品德教育目标达成的中介手段，所以判断教育方法的最根本依据当然只能是看它是否最好地完成了作为品德教育目标"中介"的角色任务。教育者在品德教育活动开展之前必须考虑的首要问题就是选择什么样的教育方法才有利于达成品德教育目标，完成品德教育内容。但是由于各种不同的品德教育方法往往各有优势也各有一定的局限性，所以品德教育方法的最佳效果还应当包括教育负效应的防止和最大的降低。比如在品德教育方法中，惩罚有时是必要、有效的，在一定程度上也是有利于完成品德教育目标的。但是，在怎样的条件下使用这一手段，使用何种程度和形式的惩罚却是教育工作者必须认真考虑的问题。许多教师倾向于用惩罚去对付顽皮的学生，有时也能取得一些即时性的教育效果，但这一惩罚如果不同其他教育方式相结合，短期内的成效就可能是虚假的，从长期效果来看并不值得。

何谓"最为经济"？我们说教育方法要追求最大和最佳教育目标的达成，但这一限定只是必要条件而非充分条件。因为如果不惜一切代价去求得某种教育目标的达成，学校教育活动就是一种非科学的、不讲效率因而也是不自觉的活动。所以品德教育方法不仅要讲最大、最佳的品德教育效果，而且也要讲品德教育投入与品德教育效果之间的最佳结合，即讲求品德教育的效率和功效。"最为经济"的品德教育方法，指在完成特定品德教育目标时，所使用的品德教育方法所耗费的物力、人力、时间最少，所使用的程序最为简单，等等。对上述条件的追求应该成为品德教育实践、品德教育艺术、品德教育科学的共同追求。

对品德教育目标最大、最佳的达成，以及最为经济的方式这两个方面的条件，如果单独地看都只是必要条件，不能构成良好的品德教育方法的充分条件。但最佳的教育方法的充分条件却正是这两个方面的统一。所以选择品德教育方法的完整依据应当是用最经济的方式求得最大、最佳的品德教育目标的达成。

二、品德教育方法的分类

品德教育活动的形式丰富多彩，因此，历史上积累起来的品德教育方法极其丰富。对品德教育方法的分类认识，有助于对品德教育方法的掌握与灵活运用。

从不同的角度出发可以对教育方法做不同的分类。例如,品德教育方法从其抽象程度上首先可以划分为方法论意义上的品德教育方法和具体做法上的品德教育方法。应该指出的是,方法论意义上的品德教育方法是品德教育方法的一个重要的组成部分,同时它对具体的品德教育方法的思考与应用具有重要的意义。我们常常较注意后者而忽视了前者。

对于具体方法意义上的教育方法,我国有学者曾依据教育活动中学生认识活动的形态,将教学方法分为以语言交流为主的教学方法(包括讲授法、谈话法、讨论法等),以直接知觉为主的教学方法(演示法、参观法等),以实际训练为主的教学方法(练习法、实验和实习作业法等),以陶冶为主的教学方法(感化、暗示等)等四种。巴班斯基主编的《教育学》将"教育方法"(相当于我们的品德教育方法)分为作用于学生的意识、情感和意志的方法,组织活动和形成社会行为经验的方法,以及执行调整、纠正和鼓励学生行为与活动的职能的方法三种。这种划分主要是依据一定教育活动的形态。

我们认为,具体品德教育活动都是有一定的目标上的侧重点的,所以不妨依据品德教育活动所要完成的品德教育目标的重点将具体的品德教育方法划分为以下几个方面:思维训练法、情感陶冶法、理想激励法、行为训练法、修养指导法等。

品德教育方法尽管千差万别但是有其共性。与其他教育领域相比,不同的品德教育方法具有的这一共性就是品德教育方法的特点。人们已经认识到的品德教育方法的特点至少有如下几点。

一是品德教育方法所要完成的任务较为特殊。品德教育心理学认为,一个道德概念的内化一般要经过认识发展的三种水平。首先,具体的道德概念水平,对道德概念的认识是与具体的道德行为、道德形象结合在一起的。其次,知识性道德概念水平,道德概念、理论、规范等等作为知识而未内化为学习主体的内心观念的形式被掌握。第三,内在性道德观念水平,对道德问题的认识不仅达到了理性的概念水平,而且道德知识已经转化为个体的道德观念(最后成为道德信念),成为自己道德评价的依据和道德行动的准则。一般的认知性教与学,对知识的学习达到第二阶段就基本完成了任务,而道德教育则必须达到第三水平。所以,道德信念问题、情感问题才是道德教育的核心和关键,从方法的角度看,不能作用于学生的道德情感,不能有助于学生道德信念的建立的品德教育方法都是不合格的。

二是对应用品德教育方法的主体要求较高。品德教育由于涉及到情感、信念的问题,所以对应用方法的主体也有特别的要求。第一,品德教育过程中身教重于言传,教师的道德人格就是品德教育的工具,是品德教育方法的有机组成部分之一。品德教育方法只有与教师的道德人格结合在一起才能发挥真正的教育功效。第二,品德教育的价值性使教育意图的处理变得困难起来。一般教育活动教师公开自己的教育意图没有问题,有时甚至还有积极功效。但是品德教育过程中过于公开的教育意图往往会导致学生的心理感应抗拒,削弱教育效能。所以品德教育在方法上必须处理的问题是:要么公开教育意图,但是必须真诚,不致使学生反感;要么采取较为间接、巧妙的形式实施品德教育。因此,品德教育方法是否有效的一个关键是师生间能否建立亲密和信任的人际关系。

三是复杂程度高。关于品德教育方法的复杂性,除了上述两个方面直接构成理由之外,还有一个时间上的原因,那就是品德教育效果取得的长期性与反复性。由于道德信念的形成需要时间和锤炼,所以,一种方法在此时此刻、此个体身上有效,但换一个时空环境,对同一个体可能没有效果。所以如果说品德教育方法有其特殊性的话,最大的特殊就是品德教育方法及其效能发挥的复杂性。品德教育方法实际上只能是品德教育艺术。

第四章 品德教育的评价

近二十年来,我国基础教育教学改革的热潮此起彼伏,硕果累累。然而学校品德教育改革却举步维艰,困难重重。其中的原因自然是多方面的,有品德教育工作本身的科学化与规范化问题,也有外部社会环境的复杂性问题。但就品德教育工作内部系统来说,品德教育评价的软弱化,不能不说是症结之一。本章将围绕这一专题展开讨论。

第一节 品德教育评价概论

一、品德教育评价的内涵与意义

品德教育评价是评价者依据一定的品德教育目标及评价标准,运用科学的方法和正确的途径,多方面收集事实材料,对品德教育工作及其效果作出价值判断的过程。

完整的品德教育评定对象,应当包括整个品德教育运行系统,包括品德教育的过程和结果两大方面。品德教育的过程是由品德教育工作来运行的,而品德教育的结果体现在学生的品德之中。因而,品德教育评价的内容,应当由学生品德测评与品德教育工作评定两个方面组成。对学生品德的测评,侧重于品德教育的结果评价,重点评定学校品德教育的实效性,研究品德测评的基本原理和方法,力图建构一种科学性与可行性兼顾的评定系统。品德教育工作评定,侧重于品德教育的过程评价,重在评价学校品德教育的硬件与软件建设。

品德教育评价是品德教育过程不可或缺的重要环节,是调整品德教育目标、改进品德教育方法、优化品德教育过程、提高品德教育效率的基本保证。品德教育系统作为有目的、有计划的运行体,需要不断获取系统状态的信息。通过测评分析系统所提供的信息,来确认目标的达成度,从而为进一步设计远景、中景与近景目标,选择有效的方法。因而,品德教育评价的科学化与规范化,是提高品德教育实效性的客观依据。

二、品德教育评价的历史起点与演变线索

中国古代教育非常重视对学生的品德培养和测评。原因很简单,就封建统治者而言,教育就是"明人伦",即用封建道德体系规范人们的言行,以巩固其统治的思想基础;同时,培养一批能为统治者所用的管理人才。因而,从品德测评的本质来看,中国古代品德教育以社会本位为价值取向。中国封建教育的核心就是封建品德教育。

据史料记载,我国古代学生品德测评最早可追溯至西周,当时有隔年一次的视察考学制度,每次都有德行与道艺的内容。随着封建教育制度的建立和逐步完善,对学生的品德测评制度也逐步制度化、法律化,并直接与招生入学、升学任官相联系。中国古代品德测评以封建道德规范为准绳。据《宋史》记载,宋代太学学生的品德评价标准内容为"八行"与"八刑"。"八行"为正面的引导性测评标准,测评等级为上中下三等。而"八刑"则为反面的惩劝性测评标准,论刑定罪。有诏曰:"学以善风俗,明人伦,而人材所自出也,今法制未立,殆无以励天下,成周以六行宾行万民,否则威之以不孝,不弟之刑,近因稽周法。立八行,八刑,颁之学校,兼行惩劝,庶几于古。士有善父母者为孝,善兄弟为悌,善内亲为睦,善外亲为姻,信于朋友为任,仁于州里为恤,知君臣之义为忠,达义利之分为和,凡有八行实状,乡上之县,县延入学,审考无伪,上其名于州,州第其等。孝、悌、忠、和为上,睦、姻为中,任、恤为下,苟备八行,不俟中岁,即奏贡入太学,免试补为上舍。司成以下审考不诬,申省释褐,优命之官;不能全备者,为州学上等上舍,余有差。八刑则反八行于丽于罪,

各以其罪名之。"

中国古代品德评价主要通过三种渠道实现：一是书面考试，以了解学生对"四书"、"五经"等道德经典掌握情况，科举考试实际就是最大的一次道德知识考试。二是他评，主要是教师对学生的品德鉴定和学监、约正等大小监学官和乡绅对学生在校和在家的行为实记。三是自评，即学生定期进行"自省"、"自讼"，特别是教师、学官或乡绅对学生指出不足后，学生一定要进行"自省"。

中国古代品德测评有其值得借鉴的传统。一是重视知行统一，强调对道德认识的考察和行为纪实；二是提倡自律，要求学生定期进行"自省"、"反省"。但这种评价的出发点完全是以封建社会为本位，没有也不允许有个人独特个性的发展。封建品德教育的核心是"存天理、灭人欲"，以牺牲个性发展为前提的教育，其基本职能就是维护封建专制统治。在评价类型上是一种典型的诊断性评价，重结果轻过程，重知行轻情感。从评价手段而言，除认知评价有客观标准外，对行为、情感、意志等评价都是主观性评价，带有很强的随意性。因此，到了明代后，实际主要就以认知评价(科举考试)代替学生品德评价。这种品德测评的认知化倾向一直延续至今。

三、品德教育评价的科学性与数量化问题

品德教育评价的科学性是几代评价工作者所共同追求的目标。在长期的探索过程中，人们自然想到了"科学"与"数学"之间的联系，试图借助于数学工具走进科学的理想王国，这是合理的思维方式。量化，是以数学形式表示事物的性质。品德教育评价的量化，即品德教育测评形式的数量化过程，就是通过测量手段对品德教育特征赋予数值，从而更深入地揭示事物的本质。品德测评作为品德教育评价的核心内容，是对个体带有社会价值倾向的稳定的行为特征加以检测和评定的过程。品德测评的量化，是

以数量方式收集有关信息,并对特征加以表述的过程。品德教育评价的数量化探索,是推进品德教育评价科学化进程中必须面对的问题。

马克思曾说过,一种科学只有在成功地运用数学时,才算达到真正完善的地步。品德教育评价的数量化过程,通过对测评对象及其特征信息,进行符号化、等值化与客观化,便于采用数学方法与计算机技术进行客观综合、分析与推断,是品德教育评价步入科学化与现代化轨道的重要标志。这不仅使事物有了简洁具体的表述方式,更重要的是便于人们以一种动态的眼光,发展地看待事物,有利于对事物进行细致分析与深入比较,有助于从大量具体形式中抽象概括出本质特征。测评的数量化,在一定程度上满足了测评工作的科学化与现代化要求。但量化并不等于科学,错误的精确比模糊更不准确。数学作为一种形式是用来表征有着确定数量关系的物质内核的。品德是一种以情感体验和道德能力为核心的知情行整合结构,品德测评面对的是一个复杂的精神系统,很难用简单的线性数量关系来反映。科学的量化要以对事物本质把握为基础,在什么时候可以用数量,如何使用数量,数量表示什么等等,都是极为慎重的,脱离了科学基础的量化只会让结果偏离目标更远。要防止把复杂的精神与社会现象简单化,坚持品德教育评价的精确性与模糊性的统一,定量与定性相结合的评价方法。

第二节　学生品德测评

一、品德测评的概念与功能

1.品德测评概念

品德(moral character)简称德。"德"的本义包含着"身"和"心"、

"人"与"己"、"内"与"外"等方面。教育心理学界将品德作为调节社会行为的个体心理特性,指个人的思想品质与道德品质的总称(冯忠良教授等)。品德结构的职能在于支配个体的社会行为取向,表现为对一定的社会规范的遵从或偏离。

测评是测量与评定的总称。品德测量是用数字对个体德行作描述,而评定是以这种描述为基础,依据一定的标准进行价值判断的过程。测量是一个客观化的过程,是评定的基础;而评定是主观判断的过程,是测量的目的。品德测评是依据一定的评价指标,运用科学可行的方法技术,系统地收集有关的资料信息,对学生的品德状况作出价值判断的过程。品德测评既是社会发展的需要,也是个体发展的需要。这是由品德测评的多种功能决定的。

2.品德测评功能

(1)导向功能。人是一个自组织系统,人的行为是受自我意识的调节和控制的。通过品德测评对符合社会规范要求的行为予以肯定,对不符合规范要求的行为予以否定。这一过程,可以加强个体对道德目标的认识,并通过评定了解自身的德行状态,指导自身的德行向着社会规范所要求的方向发展。品德测评本身就是一种重要的教育手段。

(2)诊断功能。学生的品德结构虽然具有一定的稳定性,但仍然处在不断的变化之中,通过品德测评,可以及时掌握并鉴别学生的德行发展状况,分析问题之所在,从而有针对性地及时采取教育对策。

(3)强化功能。品德测评的过程就是对学生的德行作出价值判断的过程,这使得本来或许是随意间发生的行为立即产生了一定的情绪体验。肯定性评价所产生的积极情绪情感体验,具有激活个体的生理心理能量的作用,从而对行为起到强化作用,而否定性评价所产生的消极情绪,会制约行为的发生概率。

(4)调节功能。品德测评作为品德教育过程系统中不可或缺的重要环节,它所提供的信息是个体下一步决策的客观依据。人们可以据此来调整目标,改进方法,从而对品德教育过程实行优化控制。

3.现代品德测评特点

(1)发展性。现代品德测评遵循"以发展性为主,诊断性为辅"的原则。学生正处在发展之中,品德测评的根本目的不是对学生的德行进行终极性的诊断、甄别与分类,而是为了使学生的德行向目标逼近。测评本身是教育过程的重要组成部分,测评要有利于个体品德发展和社会道德提高。注重个体在测评过程中的积极体验,强化自我意识,以调动测评对象的积极性,是实现品德测评的最高目标。

(2)主体性。现代品德测评不同于以往的教育考核、检查,把分类、选拔、管理作为测评的主要目的。品德测评的目的是为了实现学生更好的发展,学生应当成为测评的主人。要充分发挥学生在品德测评中的主体作用,让学生参与评价自己,评定别人,既可以强化学生的道德意识,又可增强其自我教育能力。

(3)生态性。现代品德测评追求测评过程的生态性,以生动的品德教育现实为基础,追求在一种生动自然的生活情景中捕捉真实的德行信息,进行教育性的评价。这种测评活动与教育活动之间的界线是模糊的,让学生能够在自然状态中真实地再现自我,并追求测评活动本身的教育效果。

二、现行品德测评误区与困惑

品德测评是对个体德性状态的测量和评价。它包括两个方面:一是客观测量方面,用数据描述德性结构状态;二是主观评价方面,依据道德标准对德性状态作价值判断。目前学校品德测评存在着诸多问题,主要反映在下列方面:

1.测评理念陈旧,仍然把测评作为教师管理学生的手段重诊断轻发展,学生的主体地位没有在测评中充分体现,测评的发展性功能未能真正实现。

2.测评内容不全,突出表现为情感缺失与动机缺失

(1)以道德认知代替品德。就品德心理构成来说,品德结构是一种知、情、行整合结构,由于系统内各要素相互作用所产生的整合力,使得系统整体属性的测评不能以系统中各部分要素之和来代替。如对个体道德认知的测量仅仅只是品德测评的一个方面。并且,没有道德情感体验的知识就不是内化了的知识,难以转化为道德观念。而我们在道德认知测评时没能考虑到情感的因素。

(2)以孤立的行为代替品德。就品德系统来说,包括动机系统和行为系统。因而,对品德结构的完整考察应当整合这两个方面。而现行学校品德测评中存在着将行为与动机相分离,孤立地考察行为点的现象,结果以"假性"亲社会行为测评代替了德性水平的评定。如一学生因违规被扣除 10 分,为能继续评上三好生,他天天在放学后悄悄留下,帮助同伴做值日或谎称拣到 10 元钱交给教师,终于通过"加分"达到标准,如愿以偿。这种由分数异化而滋生的种种不道德行为在学校中屡见不鲜。

品德是个体内在的心理结构,具有内隐性。但内在的品质总是要通过外在的行为得以表现的,这是品德测评的客观基础。这或许也是测评中人们特别关注行为表现的根本原因。抓住行为表现探测德性水平,一直是人们组织品德测评工作的基本思路。然而,由于人本身的复杂性,一个行为背后可能蕴含着完全不同的道德需要,而同样的动机又可以有不同的行为表现。这种行为与动机间的复杂关系反映了人类社会性的基本特征。这就要求我们在考察个体品德时,一定要将行为与动机联系起来分析,进行去粗取精,去伪存真的整合过程。人是受意识控制的主体,对行为的定性评定需要结合行为的背景、动因与具体情境,脱离行为背景孤立分析个体行为的道德意义是不科学的。准确地说,我们对一个

人的行为评定只有在了解其动机的情况下才是有意义的。

3.测评方法科学性不高,带有较大的主观经验性

就测评过程来看,常常被动地等待道德行为的发生,不能主动创设有效的道德情境来引发个体进入道德状态。而一些较客观的测量方法的采用,往往又影响到情境的真实性,带来更大的道德失真。

三、学生品德测评指标体系

指标是评定的基本因素,是体现学生品德的各个侧面的基本内容。完整的品德评定需要寻找多个指标,以构建合理的指标体系来反映学生品德的全貌,这是开展品德评定的基础。指标体系的科学性,是衡量品德测评是否成熟的重要标志,也是决定品德测评成败的关键因素。

1.指标体系确立的依据

(1)品德结构元素论。品德心理结构(mental structure of morality)在《心理学大词典》中被定义为"各种品德心理成分按一定的联系和关系构成的结构"。品德的基本心理结构包括道德认识、道德情感、道德意志和道德行为方式四种成分。道德认识是道德情感和道德行为的基础,而道德意志是将道德认识转化为道德行为的中间环节。品德的知、情、意、行各要素是相互联系、相互制约的。依据这种品德结构元素论,品德测评的具体内容应当涵盖道德认识、道德情感、道德意志、道德行为四个方面。

(2)品德结构系统论。传统品德结构四元论,是从平面视角对品德结构的构成要素所作的静态分析,但这样的分析还不足以把握品德结构的实质,需要从整体的系统观出发分析其内在本质。品德结构作为个体社会行为内在调节机制,是个体在一定的社会情境中作出价值选择与规范行为(符合社会要求的行为)的内在条件。品德测评就是要评定这种内部机制调节性能的高低。这种调节系统由动机系统与行为系统构成。

动机系统指个体对社会规范的遵从需要,包括个体对社会规范必要性的认识与相应的情感体验,决定着个体社会行为的价值取向。行为系统指个体对社会规范的执行情况,即与需要相符合的行为方式,包括社会规范执行的程序性知识、条件性知识与相应的操作性经验的获得。

诚然,品德结构的调节水平是通过个体外在的道德行为来表现的。因而,外部行为往往可以作为品德测评的重要内容。但同样的外部行为可以受不同的内在动机驱使,行为表现只有与内在的动机状态相结合,才构成完整意义上的德性。因而,品德测评应当将个体的行为表现与动机状态结合起来进行综合评定。并且,由于人的道德行为是受意识控制的,因而动机系统在调节系统中处于核心地位,对德行发展起着决定性作用。因而,从品德结构系统观出发,品德测评应当将道德动机作为重要内容。这样,品德测评的具体内容应当包括三个方面:①对社会规范必要性的认识;②与社会规范相联系的情感体验;③社会规范执行情况。

依据当前品德建构心理水平的研究,最典型的有三种层次:依从性道德、认同性道德与信奉性道德。所谓依从性道德,指行为主体对别人或团体提出的某种行为依据或必要性缺乏认识,甚至有抵触认识和情绪时,出于安全的需要,仍然遵照执行的一种遵从现象。它包括从众与服从,是品德建构的开始。但依从可使主体获得关于规范行为的执行经验,确立起遵从态度结构中的行为成分,为动机内化创造了条件。依从性行为具有盲目性、被动性、工具性与情境性等特点。所谓认同性道德,指思想与行为对规范的趋同,包括偶像认同或价值认同。认同的动机不是对权威或情境的直接或间接压力的屈从,而是对规范本身的认识与情感体验。认同是社会规范内化的关键,是自觉遵从态度确立的开端。认同性行为具有自觉性、主动性、稳定性等特点。所谓信奉性道德,指个体随着对规范认识的概括化与系统化,以及对规范体验的逐步累积与深化,最终形成一种价值信念作为个体规范行为的驱动力。所谓规范的价值信念是人们对规范的伦理学意义的认识与体验上升为一种价值需要。信奉是对社会规范的最高接受水平，是认识与情感的结晶，是稳定而自觉的规范行为产生的内因。此时，作为社会行为的内在调节机制的品德结构已经建构完备，标志着外在于主体的规范要求已转化为主体内在的行为需要。信奉性行为具有高度自觉性、主动性与坚定性，尤其是面临困难时，也能始终如一。

上述三种品德建构水平在行为方式上都符合规范要求，但在行为的稳定性、持久性与自觉性上有差别，这是由动机水平的差异引起的。依从性道德是缺乏内在需要，迫于外部压力而作出的不自觉遵从行为。认同性道德是以初步的规范认同为基础而作出的自觉行为，但这种内在需要的建立是不充分、不稳定的。信奉性道德是以个体内在的道德信念为依据建立的自觉行为体系。以这种动态建构观为指导，有可能较准确地反映品德的动机状态。

2.品德测评的具体指标

品德是社会规范内化过程中建构起来的遵从性经验结构，体现个体对规范的遵从需要。社会规范的内化是逐步完成的，其遵从动机分为不同的层次，即依从性、认同性与信奉性，并在行为的自觉性、稳定性、持久性上体现不同的特点。因而，品德测评的具体指标体系的建立，首先应依据品德结构的系统论，以动机系统与行为系统为两大内容。其次，依据品德结构元素论，将动机与行为两大系统再分解为知、情、行、意等各心理要素。这样，便构成如下品德测评心理指标的分解图：

品德结构 {
 动机系统 {
  道德认识：合理性、深刻性、通识性
  道德情感：敏感性、移情性、动力性
  道德意志：自觉性、坚韧性、自控性
 }
 行为系统：道德行为：指向性、自觉性、稳定性
}

图一　学生品德测评心理指标

道德认识指对道德规范、行为准则及其社会意义的认识,它涉及道德概念及道德观的形成,道德信念的产生,道德评价和道德判断能力的发展等。道德认识维度的测评,以合理性、深刻性、通识性为指标。

道德情感是伴随道德认识出现的一种内心体验,它表明了个体对客观事物的态度倾向。道德认识与道德情感相结合,构成道德动机,成为推动个体产生道德行为的内部动力。道德情感维度测评,以敏感性、移情性、动力性为指标。

道德意志是个体克服困难,自觉调控行为履行道德规范,以实现一定的道德目的的活动。动机斗争是道德意志过程的核心。道德意志维度评定,以自觉性、坚韧性、自控性为指标。

道德行为方式是在一定的道德情境下,个体受道德意识支配产生的各种道德行为技能与习惯。道德行为方式是实现道德动机的手段,也是一个人德行的重要标志。道德行为维度评定,以指向性、自觉性、稳定性为指标。

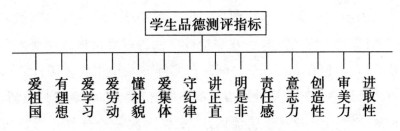

图二　学生品德测评内容指标

3.测评标准的编制

标准就是衡量事物的准则和尺子。品德测评就是依据测评标准对学生德性状态进行价值评判。首先,要确定测评等级。测评指标的等级格式一般有奇数制等级和偶数制等级。奇数制等级有 3、5、7、9、15 等级制。常用的为 5 级制,代表格式为最好、较好、中等、较差、最差。偶数制等级有 2、4、6、8、10 等级制。常用的是 4 级制,代表格式为优、良、中、差。

其次,要编制测评标准。常用的是等级评语式参照标准,即用文字表述每个指标的不同等级(见表一)。

表一 小学生品德测评三级参照标准举例

项目	内容指标	等级参照标准		
		优良条件	及格条件	不及格标志
尊敬师长	会用礼貌用语	语言文明,见到师长能主动招呼,有礼貌	能用礼貌用语,但不够主动	不会使用礼貌用语,对师长不礼貌
	听从师长教导	虚心接受师长教育,知错就改有行动	虽然接受师长教育,但进步不显著	屡教不改,不能接受正确教育
	关心体贴长辈	能主动为长辈做力所能及的事	会关心长辈,但行动上过分依赖长辈	不体贴长辈,任性,懒,馋

4.品德测评的信度与效度

信度表示一种测量工具、测量程序或测量结果的一致性和稳定性程度,又称可靠性。它是反映一种测量科学性的重要指标。信度大小用信度系数表示,其值在 0 与 ±1 之间。在实际测量中主要采用计算信度系统的方法估计信度。依照计算方法的不同,信度分为 4 种:(1)再测信度:用一种测验对同一被试组施测两次,根据两次测验分数计算其相关系数。(2)复本信度:用一种测验的两个等值复本施测于同一被试组,计算两次得分的相关系数。(3)内部一致性信度:测验的同质性程度。如果测验中各测题得分有正相关,则测验是同质的。(4)评分者信度:随机抽取若干份试卷,由两位或两位以上评分者分别评分,计算每份试卷所评各分数之间的相关系数。一般来说,复本法是考查测验信度最好的方法。

效度表示一种测量工具能够测得预期结果的程度,又称真确性。效度是反映测量科学性的又一重要指标。效度与信度的关系为:信度是效度的必要条件,但不是充分条件。一个测量效度要高,信度必须高,而信度高时,效度并不一定高。考验效度的方法很多,根据测验目标把效度分为内容效度、构想效度和效标关联效度。(1)内容效度:指测验题目对有关内容或行为范围取样的适当性,即判断测验题目(内容)是否符合欲测的目标。(2)构想效度:指测验分数能够说明心理学理论上的某种结构或特质的程度。(3)效标关联效度:指测验分数与效度标准的一致程度。效度标准简称效标,是估计效度的参照标准。常用的效标资料包括在校学业成绩、教师评定的等级等。

四、品德测评的方法体系

品德作为一种个体内在稳定的心理特征,是在一定的社会情境中通过行为方式表现出来的。这种外显性,使得品德这种内隐的心理品质,具备了可测评的客观基础。但由于社会情境的多样性与人的内心世界的复杂性,一种品质的行为表现也将是灵活多变的。为较准确地评价个体的品德状况,需要提供多种社会情境下的行为线索。采用多视角、多维度评定,是提高测评信度和效度的基本策略。这里的"多视角"指评定主体的多元化,"多维度"指评定内容的侧重点。

1.多主体评定策略

根据学生的生活空间,采用自我评定、同伴评议、班主任、任课教师评定以及家长评定相结合的多主体评定。

(1)自我评定。侧重于反省性的自我剖析,以了解学生的自我概念为主,即自我意识、自我体验与自我控制能力。

(2)同伴评议。侧重于激励性的他评,以了解人际互动的情况。

(3)班主任评定。个体对班集体的关系基础上,进行全面评定。

(4)任课教师评定。以评定学生对学习活动中的责任感与合作性为主。

（5）家长评定。侧重于劳动态度为主的评定,并作为学生在自然状态下（没有外部压力情境下）真实德行的重要反映。

2.多种方法整合策略

品德测评有多种方法,目前比较常用的方法有问卷调查法、行为观察法、情境测验法、人物推定法等。由于每一种方法在测量知、情、意、行某一要素上有其优势,不同的测评指标对各种测评方法的适应状态也是不同的,因而,测评方法需要有选择地加以使用。由于品德结构是一种知情行一体化整合结构,因而,必要时应采用多种方法,构成一个综合性方法系统,才能较完整、全面地评价品德全貌。比如,用教师评定法与行为测量法两种方法结合评价个体亲社会行为,比单一方法更科学。

（1）问卷调查法。采用问卷调查,一般首先要将测评指标化成问题。回答形式有多种,可以是不定型的开放题（见表二）,也可以是定型的多项选择题（见表三）或评定量表题（见表四）,而后者更有利于统计分析。

表二　开放式问题举例

1.你除了课本外,有没有阅读其他书籍？请写出书名和作者。
2.在你阅读的书籍中,你最喜欢哪一本书？请写出理由。

表三　多项选择题举例

1.我认为不关心国家大事的人是没有多大作为的人。 　A.不是　　　　　　　B.不确定　　　　　　　C.是
2.在和别人争论时,我总想要争过别人。 　A.不是　　　　　　　B.不确定　　　　　　　C.是
3.我和班上同学或邻居孩子的关系是： 　A.我们相处得很好　　B.高兴就在一起玩玩,关系一般 　C.不清楚　　　　　　D.合不来

表四 评定量表题举例

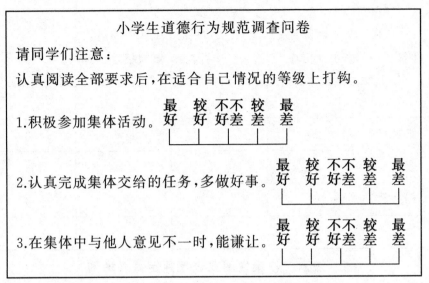

小学生道德行为规范调查问卷

请同学们注意：
认真阅读全部要求后,在适合自己情况的等级上打钩。

1.积极参加集体活动。 最好 较好 不好 不差 较差 最差

2.认真完成集体交给的任务,多做好事。 最好 较好 不好 不差 较差 最差

3.在集体中与他人意见不一时,能谦让。 最好 较好 不好 不差 较差 最差

（2）行为观察法。行为观察即测评者根据预定的指标,有计划、有目的地直接观察被测评对象的言语、行为等外部表现。行为观察法种类很多,最常用的是自然观察法,即测评者在教育活动的自然状态下,对被测评者加以细致的观察,获得对被测评者更全面、更系统、更真实和客观的了解。行为观察法除了掌握观察方法外,还需要了解各种观察记录方法,其中检核表法和评定量表法最为常用。

①检核表法。检核表又称行为评量表格。将观察指标转化为各种外部表现,分类列举,制作一表格,以便观察时随时捕捉观察目标,及时作好记录（见表五）。

②评定量表法。评定量表是由测评者根据观察行为而累积的经验,对个人的行为所做的评定、判断和解释。评定量表有图式评定量表和分数式评定量表。图式评定量表,其评定阶段值以图式表尺表示（见表六）。分数式评定量表的测评阶段值以一分数表示。有单表尺（见表七）和复表尺（见表八）两种。

表五　尊敬老师检核表举例

项目 姓名	见了老师行礼或主动招呼	上下课时起立,行注目礼	上课中间进教室喊报告	与老师交谈时,主动给老师让座
王××		3	3	
张××	3	3		3
李××		3	3	3
杨××	3	3		3
吴××	3	3		

表六　依赖性图式表尺评定量表举例

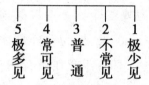

5	4	3	2	1
极多见	常可见	普通	不常见	极少见

1.要求权威者的承认	(常向老师询问"这样好不好",始终按老师要求做)	5　4　3　2　1
2.身体靠近或接触	(常喜欢站在老师身旁或拥靠同学和朋友的身体)	5　4　3　2　1
3.求他人帮助	(积极求人帮助,即使自己会做;常哭泣)	5　4　3　2　1
4.模仿他人的行为	(模仿长辈,或群体中最有影响人物的言行或举止)	5　4　3　2　1
5.讨好别人	(为取悦别人而做许多事,别人要借什么,立刻出借)	5　4　3　2　1

表七　单表尺举例

7	6	5	4	3	2	1
很好	好	较好	普通	较差	差	很差

或：

	5	4	3	2	1	
	好	较好	普通	较差	差	

或：

			3	2	1	
			满意	一般	不满意	

表八　复表尺举例

+3	+2	+1	0	-1	-2	-3
很好	好	较好	普通	较差	差	很差

或：

	+2	+1	0	-1	-2	
	好	较好	普通	较差	差	

比如著名的梅拉比安移情量表（MES）就是采用复表尺编制的，以下是部分选题，以示说明。

请用下列等级指出你对以下每个问题的赞成或反对程度，并在每一问题前的括号内填上相应的数字：

+4绝对赞成　+3非常赞成　+2比较赞成　+1勉强赞成

-1勉强反对　-2比较反对　-3非常反对　-4绝对反对

0既不赞成也不反对

回答要如实认真。这里，既无对错的问题，又没有好坏之分。全部答卷将输入计算机处理，统计全班回答情况，不涉及个人回答。

项目举例：

(1)看见人群中孤独的陌生人，我心情沉重。

（2）当朋友遇到困难时，我总是安慰他或她。

（3）我真不明白，为什么有的事情竟能引起有的人那么不安。

项目共计 33 个。

③情境测验法。情境测验就是设置一个活动环境或提出一个问题情境，观察被试者在这一情境中的反应，从而评定其德行水平。其中设计活动情境的测验，称为活动情境测验。比如，心理学家明顿曾设计一个竞争与协作的情境测验。一个装有若干个用纸做的圆锥体的小口大玻璃瓶，每个圆锥体的顶端系有一根细绳在瓶外。被试者可以用细绳将圆锥体拉出瓶外，但由于瓶口小，每次只能拉出一个圆锥体。玻璃瓶的底部接一水管，可以导水入瓶。测验中，被试者各拿一根绳，规定在最短时间内拉出瓶内圆锥体，如时间过长，水从瓶底逐渐上升，浸湿圆锥体，则算失败。在这种情境下，若彼此各不相让，竞相拉圆锥体出瓶口，则谁也完不成作业。而水面上升则会导致全军覆没。只有协作才能获得成功。这是一个用于测量学生群体合作精神的情境测验。

问题情境测验就是向被试者提出一个困难的问题情境，促使被试者对情境中的问题作出回答，以评价学生的品德特征。如皮亚杰设计的道德两难题，便是一种自由记叙式问题情境测验。还有定案型问题情境测验，即向被试者提供问题情境，让个体阅读后，在主试者列出的各项答案中选出一个或几个答案回答问题（见表九）。

表九　问题情境测验举例

同学们：
请对照自身情况对下列问题进行选择，若问卷所列的三项答案都不符合你的情况，请在第 4 项中作"其他"类的补充。 　　1.班级里许多同学都很看重考试分数，临考前的复习都很紧张，有位同学为解一道题已经花了许多时间，如果你知道怎么解，你会怎么做？

（1）我会去帮助,这样做才会得到这位同学或老师的好评。

（2）现在学习竞争那么激烈,帮了别人就等于让自己落后了。

（3）助人是一种高尚的行为,同学之间必须相互帮助。

（4）其他。

2.你在洗手时发现,水槽被污物堵塞了,你怎么办?

（1）不去管它,反正有人打扫的。

（2）如果旁边有人动手把水槽清除干净,我也一起干。

（3）我会马上想办法疏通水槽,因为维护校园公共卫生是每个人的公德。

（4）其他。

3.班里有位同学因家长病重,经济十分困难,几乎有失学的危险,为了帮助他,班里设立了"捐助信箱",请同学们自愿捐款,你怎么办?

（1）经济上的事,应该由他自己去解决。

（2）我会尽力去帮助他,我向往做一个热心人。

（3）如果大家都捐款,我也会捐的。

（4）其他。

④人物推定法。所谓人物推定法就是在教师指导下,让相互了解、熟悉的同学提供意见,作为品德测评的依据。这是现代品德测评技术中受重视的方法,对于学生的社会性、合作性、组织领导能力、态度、性格等品德特征的测评有较高的信度和效度。人物推定法有多种类型,最常用的几种如下:

人物类型测验法。

指向学生提出各种各样的人物类型和行为方式类型,然后请学生填上自己认为最符合该类型的人物姓名(见表十)。

读下列问题,在本班同学中推选三位你认为最合适的人物。

表十　人物类型测验举例

劳动中不怕脏、不怕累,别人有困难主动帮助,大扫除认真负责,这样的人是谁?	1. ＿＿＿＿＿＿ 2. ＿＿＿＿＿＿ 3. ＿＿＿＿＿＿
劳动中怕脏、怕累,别人有困难不去帮助,大扫除不认真负责,这样的人是谁?	1. ＿＿＿＿＿＿ 2. ＿＿＿＿＿＿ 3. ＿＿＿＿＿＿

交友测验法。

该方法由美国心理学家莫雷诺创设。具体做法主要是向团体成员提问题,让其回答。如,"请你在这个班级的同学中提出三个最喜欢的人,按喜欢的程度依次排列","你愿意和谁排在一起,首先是谁?其次是谁?第三是谁?"还可以按照这种方式提出愿意和谁一起的各种强弱指标,如学习、旅游、搞清洁卫生工作等等。也可提出最不喜欢的人。将结果资料加以整理,并绘成一张"靶心图",表明群体中的"群心"和"孤心"。

五、品德测评生态系统的构建

品德测评生态系统的构建,以两大测评理念为支柱,试图给传统品德教育评价注入新的活力。一是回归测评的真实感。品德结构的核心是动机,没有对动机的探测和监控,测评就失去了灵魂。没有让被评者进入一种自然状态,测评就不可能达到真实的境界。为此,应采取测评指标内隐化技术,模糊或淡化测评与教育活动之间的界线。二是追求测评的激励性。品德测评强调以客观性为科学基础,同时更要强调其激励性。测评的最终目的是教育,是实现学生的德行发展,这是高于一切的教育原则。品德测评的过程应当成为不断激励学生品德发展的历程。

1.以对道德动机的监测作为品德测评的背景

由于人的特殊意识能动性,对行为考察的准确性,必须借助于对动机的推测。只有了解一个人的动机,才能比较准确地解释他的行为。行为主义只重视外界刺激对行为的制约作用,而忽视或否定研究动机的重要性,这就无法正确解释、预测和控制人的行为。然而,动机是个体内隐的心理成分,是不可见的。在心理学上,动机指发动、指引和维持躯体和心理活动的内部过程。在具有特定目标的活动中,动机涉及活动的全部内在机制,包括能量的激活、使活动指向一定的目标以及维持有组织的反应模式。动机是联结刺激和反应(行为)的中介变量。因而必须从可见外部变量入手来确认动机这一内在变量,即从可测量的外显行为指标和可控制操纵的外部刺激条件这两个客观指标的联系中来考察动机的确定效应。只有这样,才能探明动机状态与刺激条件以及行为变化间的因果关系,从而较科学地评定个体的道德水平。对动机测量的实验设计,包括向被试者呈现障碍物、竞争情境、移情性情境、道德两难状态以及各种诱因刺激等作为引发动机的刺激条件。

以上是对动机的理想的实验操作,但在现实情境中对动机的控制会遇到许多困难,为此可采用测量动机内隐策略,将真实的测评指标掩盖起来,让被试者处于不自觉的状态之中,以排除动机干扰,达到自然状态。如设计一项团体体育竞赛,看起来是测量体育竞技,实际上是测量团体的凝聚力。此外,最主要的方法应当是对动机状态的自然监测。品德的实质是个体社会行为的内在调节机制,要从这一本质特征出发在广泛的日常行为中寻找灵敏度指标。以下是几种可资借鉴的观测视角。

(1)从具体情境中考察行为动机。行为总是与一定情境相联系,注重从情境中分析动因,不失为一种有效的策略。诸如,有否旁观者在场;行为直接带来的后效等。

(2)从"小节"上搜寻关键点行为。人的行为在细节上最少雕凿,常常带有无意识性,是内心世界的真实流露,是长期"修炼"而成的素养,也是无法伪装的。因而,通过观察细节可以比较准确省力地掌握品德。比如,日本某企业选拔品德良好的员工是通过观察"说话声音大小""吃饭快慢""打扫厕所"三个指标来完成的。因为他们认为声音大的人往往自信,吃饭快的人办事效率高,打扫厕所干净的人一般能吃苦。这虽然是通过长期观察积累的经验,但体现了"于细微处见真情"的道理。

(3)在矛盾抉择中评判人。品德结构作为个体社会行为调节系数,其品德水平是在情境抉择中表现的,尤其是在利益冲突中。正如皮亚杰道德认知学派以道德两难题,推测道德判断能力一样。因而,矛盾情境的创设,包括现实情境的利用与人为情境的设计,都不失为有效的尝试。

(4)寻找"灵敏度"指标。经济学中有个指标,称为"恩格尔系数",指个体用于日常生活消费支出占总收入的比重。70%以上表示生活水平在贫困线上,60%表示脱贫,50%表示达到小康。它是人们生活水平的灵敏度指标。品德测评中寻找灵敏度指标,即找品德中的本质或核心特征。品德结构是一种以情感为核心的社会行为抉择系统。同情是个体亲社会行为产生的心理基础。移情能力表示个体的同情心易被唤醒的程度,一定程度上可以用来预测助人行为发生的可能性,有理由将其作为品德测评的指标。抗诱惑能力是个体道德意志的反应,是用理智把握自我,战胜不合理欲望,遵守道德规范的自律性表现,可以预测个体在诱惑情境下的道德行为。

2.品德测评的激励机制的营造

学校品德教育评价的功能是多方面的,集中表现为管理功能和教育功能。这两种功能取向必然导致评价体系建构的不同侧重点。品德教育评价以管理功能为价值取向,评价的科学性以预测性为标志,测评系统的核心是寻找有预测力的灵敏度指标。品德教育评价以教育功能为价值取向,评价的科学性以发展性为标志。品德教育评价体系的建构应以营造教育机制为核心。

笔者认为,品德测评的发展性功能是通过"移情—激励性"评价机制实现的,以同伴激励法和自我反省法来体现。

(1)激励性他评。品德作为个体内在的自我调节机制,其培育源于个体道德自尊感的唤醒与激发。苏霍姆林斯基说过:"要通往儿童的心灵,并不是经过一条洁净平坦的小路,教师只要在路上经常用心做拔除野草(根除恶习)的事;而是要经过一片道德品质幼苗的肥沃田野,教师要在路上像播种耕耘的庄稼人那样,十分小心地保护那些尚未茁壮的幼苗的柔弱根部和向着太阳生长的新叶。"孩子身上美好的品质得到发展,恶习就会受到排挤,并在儿童不知不觉中消失。教育者如果仅仅将注意力集中于"根除恶习",那是培养不出坚定的道德信念的。每一个成长中的儿童都是向往进步、渴望为他人所接纳的,只有善于发现并不断巩固和发展儿童身上所有好的因素,才能培养出良好的德行。集体的认同是个体产生内在道德力量的最强大动力,这说明品德教育评价本身蕴藏着巨大的教育能量。要使品德教育评价具有激励、扶植良好的德行幼苗的内在机制,就应强调道德他评以评他人的优点为主。这不仅能激起被评者的道德自尊感,更重要的是使评价者学会欣赏别人、接纳他人,养成宽容、豁达的心态。

(2)反省性自评。孟子云:"知不足,才能知反也。"对于儿童道德发展中的不足与缺陷,最重要的是让其本人有"自知之明",而并非要让别人明白;甚至在必要时,为保护儿童的道德自尊感,可以设法不让别人知道。故在道德评价上,应当通过建立自我反省机制来认识自己的不足。

第三节　学校品德教育工作的评定

学校品德教育工作评定,是指政府教育主管部门或学校管理层依据一定的评价标准,对学校品德教育工作或班级品德教育工作的运行状况进行督导、检查或评估,并对其工作成效作出评判的过程。从品德教育评价的分类来看,学校品德教育工作评定侧重于品德教育过程评价,以区别于学生品德评定侧重于结果评价。但从学校品德教育工作评定的内容本身来看,包含了品德教育工作实效性的评定,主要涉及校风校纪与学生品德,这又涵盖了品德教育的结果评价。从学校管理的角度来看,品德教育工作评价是属于学校管理工作范畴,是学校品德教育工作管理过程的最后环节,品德教育工作评价体系的科学与否,直接影响和制约着整个学校品德教育工作的有效性。

一、目前学校品德教育工作评定概况要述

学校品德教育工作的评价大致可分为两个层次,即政府教育主管部门对学校品德教育工作的评价和学校管理层对班级品德教育工作的评价。这两个层次的评价方式不尽相同,这与学校品德教育工作的管理和实施途径有关。一般而言,政府教育主管部门对学校品德教育工作的评价主要通过品德教育督导评估来进行。督导检查的内容包括考察学校的校风校貌(包括学生违法违纪)、品德教育机构组织、经费投入和队伍建设情况;通过听课,观摩品德教育活动,检查思想品德课开课情况和品德教育措施的落实;查阅各项工作和会议的原始记录;召开教师和学生以及学生家长座谈会等等。检查的重点是了解学校品德教育工作的领导机制、各项保障措施的落实、品德教育队伍建设、学生违法违纪情况、校风建设等。学校对班级品德教育工作的评价主要通过日常检查和期终考核来实施,主要考核班风建设、班集体活动情况、班主任的责任心和工作水平、学生违法违纪情况、班级团队建设情况以及班级在全校精神文明建设的各项活动中(如卫生评比、校园文化建设活动等)的表现情况等。从实际效果看,这种品德教育工作评价方式基本能够满足评价学校或班级品德教育工作的组织和实施情况,即达到品德教育过程评价的目的。但对品德教育工作实效性的评定,最重要的方面应当是学生品德状况,这在前一节已经有专门论述。需要指出的是,目前这方面问题还是比较多的,学生品德评价还没有一套公认的,科学、规范的指标体系和测评方式,绝大部分教师对学生品德的评价还是根据对学生平时的了解,采用操作评语方式进行。事实上,这已不能作为学校品德教育工作实效的主要方面来反映。

二、学校品德教育工作评定指标确立依据

设计制定学校品德教育工作评定指标是一件责任重大、十分严肃的工作,需要有科学的方法和严谨的态度,既要遵循品德教育的规律,依据教育的理论,使指标体系建立在科学的教育理论基础上,又要考虑本地区教育的特殊情况。

1.指标确立的出发点

品德教育评价的起点和归宿是品德教育目标。

首先,制定品德教育工作评价指标体系时,必须充分领会国家教育方针、教育目标和有关法令的精神,依据《中学德育大纲》、《小学德育纲要》、《中小学生日常行为规范》以及《中小学德育工作规程》的要求制定学校品德教育工作评价指标体系。

其次,充分考虑品德教育工作评价对学校品德教育工作的改革和发展具有导向、规范、反馈的功能,积极汲取各校品德教育改革的先进经验和做法,协调好"以学生发展为根本"和"按社会要求培养人"的关系。

第三,从评价工作的自身要求出发,指标必须具体、具有可操作性。它是教育目标的具体化。

2.目前学校品德教育工作评定指标制定中的突出问题

一是评价指标过于模糊化、隐性化。只提一些原则性要求,评价结果要靠评价者按自己经验去判断。目前大部分学校品德教育工作评价还是采用这种方式。如果要量化、具体化,只是文件中有明确规定的一些要求进行量化,如学校是否建立品德教育工作领导机构,思想品德课

和思想政治课是否达到规定学时,品德教育教师配备情况等等。这种评价的明显问题是主观性较大。

二是行为主义倾向,追求机械的量化考核。这种评价根据学校管理要求来制定品德教育指标,指标体系往往不能准确、全面地反映品德教育目标和规律,甚至是对品德教育目标的异化。如果说前一种误区已为大多数教育行政部门、学校校长和教师所认识,并在积极寻求改进对策之中,那么后一种误区则是在改革实践中出现的,并正在发展着。下面就某校班级品德教育工作评定指标体系,作一案例分析。

××中学班级管理量化评估方案

为适应新的教育形势,加大校纪校风建设的力度,深化教育体制的改革,使教育实践有章可循,教育评估有据可依,保证学校教育教学工作正常化、科学化和规范化,进一步提高教育教学质量,特制定班级管理量化评估方案。

(一)量化评估项目

1.班会;2.专刊;3.流通红旗;4.各项集体活动;5.各项收费;6.奖扣分。

(二)各部分量化细则

1.班会:每周班会课(学校集会或活动除外),班主任必须结合班级实际,认真备课、上课,教案上交,并由品德教育处检查记录,一次为5分。

2.专刊:每逢纪念节日,各班必须出版内容充实的宣传专刊,一期为5分。

3.流通红旗:"文明班"流动红旗每级一面,初中级和高中级再各加一面,课间操、卫生和文明宿舍流动红旗全校各两面,每周评比一次。班主任必须认真组织学生参加早操、课间操和卫生打扫活动。获得体育、卫生、文明宿舍流动红旗一次为10分;班主任必须要求学生按时到校参加早读,中午保持安静,有值日监督,全体学生一律到教室午休(包括教职工子女),内宿生依时到教室晚自习,获"文明班"流动红旗一次为20分;

如学校发现该班有打架斗殴现象,取消该班当月"文明班"流动红旗的评比资格。

4.各项集体活动:(1)"希望工程"、"爱我校园"等活动,捐款10元为1分。(2)其他活动以当月评分为准。

5.各项收费:凡学校规定的收费,每收一位学生款项为1分,收费人数以90%为标准,每增加一个百分点加2分,不足一个百分点按四舍五入计算。

6.奖分和扣分

奖分:(1)被学校记功一人次奖该班10分,表扬一人次奖该班3分;(2)表彰一人次"三好"学生、"优秀团员(团干)"或参加学科竞赛获奖,地、市级10分,县市级5分,学校级3分;(3)中段、期考,全级排名第一名为5分,第二至第五名为3分,第六至第十名为2分。

扣分:(1)内宿生在宿舍违纪或外宿生进入宿舍玩,以管理老师记录为准,违纪者一人次扣该班5分。(2)班主任必须教育学生爱护公物和花木,如有损坏公物、损害花木的行为,由班主任负责并具体落实损坏者赔偿,并一人次扣该班5分。(3)发现学生在校园内吸烟一人次扣该班10分;留校察看一人次扣该班20分;记过、警告、点名批评一人次扣该班15分;受品德教育处谈话教育(以记录档案为准)一人次扣10分。

(三)总结和评比

以上量化评估工作每月小结一次,进行评比,设一等奖6名,各级1名,二等奖9名,高中每级1名,初中每级2名,三等奖13名。一等奖30元,二等奖20元,三等奖10元。学期终进行总评,最后结果作为评选优秀班主任的依据。

这是一所县属中学制定的班级管理量化评价指标体系,可以说是学校对班级品德教育工作的评价。从目前学校班级品德教育工作实践看,这一评价几乎涵盖了班级品德教育工作各方面。但在这个指标体系中基本找不到教师对学生日常德行培育的具体工作情况的考核,也看不见鼓励教师积极探索品德教育工作新方式、深入学生内心做思想教育的指标,更不用说组织学生开展社会实践活动的指标。这种评价明显地反映出重管理轻教育、重处罚轻引导、重结果轻过程的行为主义倾向,甚至把学生缴费也列入其中,而且占不低的分值。这种机械的量化考核的追求,必然带来品德教育工作的简单化,将品德教育从教育层面下降到管理层面,以管理代教育,实际上起到了对学校品德教育工作的弱化导向,值得引起理论界和教育主管部门的重视。

三、学校品德教育工作评定的具体指标

品德教育工作是学校教育教学的灵魂,品德教育渗透在学校工作的所有方面。学校品德教育工作评定包含丰富的内容,诸如领导机构、队伍建设、校风校纪、制度建设、品德教育管理、品德教育学科、学科渗透、品德教育活动、经费投入、基地建设以及家庭社区协调等等。但最主要的测评内容包括四个方面:学校品德教育课程质量评定、品德教育活动质量评定、品德教育工作管理的评定、品德教育工作者队伍素质评定。对这些内容的测评,应采用定性与定量相结合的方式。首先,以多种方式尽可能多地收集信息,如听取汇报、现场考察、观摩活动、查看会议实录、个别访谈、听课评课、问卷调查、召开座谈会等。其次,在全面占有资料的基础上进行汇总整理、综合分析,以求较客观准确地把握全貌。

1.学校品德教育课程质量评定

品德教育课程指对学生进行品德教育的专门课程,主要指小学的思想品德课和中学的思想政治课等,对品德教育课程的质量评定有过程评价和终极评价。终极评价由学科认知测查与学生日常行为评定的综合来反映。这里的评定主要指过程评价,由课前、课中、课后几个部分来体现(见表十一),其中各部分的分值比例由专家评议来确定。

表十一　　思想品德学科教学工作考核指标

考核因素	具体要求	标准分	评分等级 A	B	C	小计	简注
备课 22	1.根据学校品德教育整体安排制定班组计划	2					
	2.能制定规范化的学科授课计划	5					
	3.认真学习大纲,钻研教材,按常规要求编写课时教案	10					
	4.结合学生实际,做好课前准备	3					
	5.课后认真分析,做到课后有小结	2					
上课 44	1.教学目标明确,切合实际	10					
	2.教学内容紧扣目标,针对性强	8					备课考核部分和上课要求结合教研室本学科教学常规要求
	3.教学方法灵活,课堂气氛好	8					
	4.教学过程清楚,反馈及时,目标落实	10					
	5.教学手段新颖,合理体现现代化教学意识	8					
课外实践 20	1.认真组织学科考核工作,做到有考查,有分析	6					
	2.认真及时批改作业,及时反馈纠正	4					
	3.积极开展课外实践活动,发挥教育的整体功能	4					
	4.积极开展辅优补差,重视个别指导	6					
教学研究 14	1.认真学习有关教育理论及资料,提高自身素质	3					
	2.积极参加各级教研活动和各级评优活动	4					
	3.积极承担各级公开课教学活动	4					
	4.认真总结教改经验,积极撰写教学论文	3					
总分		100					

2.学校品德教育活动质量评定

品德教育活动是中小学实施品德教育的最重要途径。近年来,许多学校都花大量的时间精力、财力物力去组织学生的品德教育活动,可以说活动搞得轰轰烈烈。但活动过后,学生的内心是否留下点什么? 我们有必要对品德教育活动的质量进行考核。笔者认为,品德教育活动的质量,可以从两个维度去考核:一是学生的参与度;二是学生情感体验强度。前者反映活动广度,后者反映活动深度。学生的品德建构是在活动中内化的,参与活动是内化的条件,而情感体验的出现是内化的标志。由于情感体验是个体内在的、个别化的心理过程,需要由个体的自我报告来评定,并结合观察活动中成员的躯体表现(见表十二)。

表十二　情感体验强度评定表

项目	指标	明显	稍有	没有
躯体表现	情不自禁地鼓掌			
	心跳加快			
	脸发红发热			
心理感受	清晰的记忆			
	庄严、严肃感			
	纯洁、高尚、神圣感			

3.品德教育工作管理的评定

品德教育工作的管理,关键在于建立一套健全有效的品德教育工作运行机制,有目标、有计划、有措施、有评估,责任到人、经费到位,硬件与软件同步建设(见表十三)。

表十三　学校品德教育工作管理评定表

考核因素	具体要求	标准分	评分等级 A	B	C	小计	简注
备课 25	1.建立学校品德教育领导小组,设专人分管	4					
	2.班级、团队、社区、家庭分线落实品德教育目标,责任到人	8					
	3.分管领导参与,组织品德教育研讨会,沟通各线情况	3					
	4.配备品行好、能力强的教师担任班主任与品德教育课程教师	5					
	5.严格执行品德教育计划,做到专时专用	5					
组织计划 15	1.每学期制定学校品德教育工作目标与实施计划	6					
	2.班主任班级管理计划	3					
	3.思想品德学科教学计划	3					
	4.团队工作中心与活动计划	3					
实施 35	1.每学期组织两次全校性的品德教育活动,形成学校传统	7					
	2.制定多媒体进课堂指标,促使品德教育学科教学模式转变	6					
	3.确定研究课题,活动有记录和成效	6					
	4.开展优质课竞赛评比活动	8					
	5.举办优秀班队活动与方案评选活动	8					
评价 25	1.校风校纪考核	5					
	2.班风与班级管理评定	5					
	3.思想品德课教学考核	5					
	4.学科渗透品德教育考核	5					
	5.品德教育实效性测评报告	5					
总分		100					

4.品德教育工作者素质评定

品德教育工作者从广义上讲,包括了学校的所有教师;而从专业角度来说,主要指品德教育课程教师、班主任以及团队工作者。由于思想教育的复杂性和现代儿童的新特点,对品德教育工作者的思想素质、理论素养与业务能力都提出了更高的要求。建立一支思想好、业务精的高素质现代品德教育工作队伍,是品德教育成效的决定因素。笔者认为,品德教育工作者素质主要从思想素质、理论素养、业务能力三方面去衡量。思想素质主要体现为敬业爱岗。理论素养包括对国家有关品德教育文件精神的把握、品德教育和品德教育心理学理论的掌握和运用,这集中体现在教师的课题研究之中。业务能力集中反映在三个方面:第一,与学生心灵沟通,做思想转化工作的能力。品德教育工作区别于一般教学工作的显著特点,便是情感为先的原则。品德教育工作的基本方式是细致入微的心灵交流,建立良好的师生关系是品德教育工作有所成效的前提。第二,组织学生开展品德教育活动的能力。活动是儿童青少年所乐于接受的教育方式,也是道德主体建构之中介。如何针对学生的年龄特点,组织丰富多彩的道德活动,是品德教育工作者的基本素质。第三,思想品德课教学能力。传统思品课以道德知识的传授为基本目标,教学主要围绕认知模式展开,以揭题、明理、拓展、导行为基本环节。现代品德教育心理学告诉我们,品德建构的过程是以情感体验为核心的知情行整合过程,需要采用多种模式,如价值辨析模式、情境体验模式与活动导行模式等,充分利用现代教学媒体所创造的教学环境以及教师本人的人格魅力,达到良好的道德内化效力(见表十四)。

表十四　品德教育工作者素质评定表

项目内容	评定指标	标准分	测评方法	得分
思想素养	敬业爱岗	20	自评、他评、学生评议	
40	职业道德	20	教师互评、学生参评	

理论素养 25	理论知识	10	书面考试与面试	
	课题研究	15	论文评比与答辩	
业务能力 35	沟通能力	10	检查个别教育	
	组织能力	10	考察班级管理与活动	
	教学能力	15	听课说课评课	
总分	全面素养	100	实得分	

第五章 品德教育实例

学生是党和国家的希望,是中华民族的希望。加强未成年人品德教育,是推动党和国家事业不断发展的必然要求,是提高全民族素质、促进人的全面发展的必然要求,是增强我国发展后劲和国际竞争力的必然要求,是坚持立党为公、执政为民的必然要求。然而当今的独生子女较多,随着物质生活水平的提高,孩子在成长的过程中出现了各种各样的新问题,如迷恋上网、法律意识淡薄、自我保护能力差等,而社会、家庭、学校教育的不完善,也是未成年人品德教育的障碍。本章我们认真分析现实社会中存在的关于未成年人品德教育的热点问题,结合理论,通过优秀教师的成功案例向大家讲述怎样加强未成年人的品德教育问题。

第一节 学生上网问题的"疏"与"堵"

一项调查结果显示,在学生最喜爱的媒体排名中,25.44%的学生选择电脑游戏为自己的最爱,选择网络的有 14.46%,两者相加有近 40%,是电视和报纸之和 23%的近两倍。与此并存的是来自家长的担忧,18.3%的家长对于学生可能在互联网上接触不良信息感到非常担心,并且会因此完全阻止他们接触互联网。家长和孩子的态度存在着严重的对立。而事实证明,家长的担心并非空穴来风。网络的海量信息吸引着未成年人,激发着他们的好奇心和求知欲,而网络信息良莠不齐,缺乏自制力和分辨力的未成年人很容易受到误导,甚至走上犯罪道路。中国青少年犯罪研究会的统计资料显示,有 70%的少年犯是因受网络色情暴力内容影响而诱发盗窃、抢劫、强奸等严重犯罪的。日夜滞留黑网吧,沉溺于网络游戏不能自拔,受网络不良信息侵蚀,使得多少年轻的生命在本应美好的青春起步时便踉跄难行,而又有多少父母正为孩子戒不断的"网瘾"而心力交瘁。

　　青少年是社会的未来,决定着今后的社会何去何从。为引导未成年人正确利用好互联网,抵挡网络这柄"双刃剑"对未成年人的侵害,社会各界纷纷出谋划策并身体力行,开展了专项整顿网吧,清理校园周边环境,打击淫秽色情网站,集中清理网站不良信息等一系列整治活动,让我们看到了为孩子营造绿色成长网络空间的曙光。

　　我国18岁以下的网民占网民总数的19%,约有1650万人,互联网对未成年人影响尤为深刻。如前所述,网络的海量信息吸引着未成年人,激发着他们的好奇心、求知欲,而网络信息良莠不齐,缺乏自制力和分辨力的未成年人很容易受到误导,甚至走上犯罪道路。中国青少年犯罪研究会的统计资料显示,目前青少年犯罪总数占全国刑事犯罪总数的70%以上,其中14-18岁的未成年人犯罪又占到青少年犯罪总数的70%以上,有70%的少年犯因受网络色情、暴力内容影响而诱发盗窃、抢劫、强奸等几类严重犯罪。

　　走上犯罪道路,是未成年人为网络所伤的极端表现,更多的是青少年受到网络不良信息日积月累的侵蚀。一项仅对北京市 6 个城区、53 所不同类型中学的 3000 名中学生上网状况进行的调查显示,22％的被调查学生浏览过色情网站。

一项网络使用情况的专项调查显示,目前北京市有 14.8％的孩子患上了网络成瘾症。这是一种因过度使用互联网而诱发的心理疾病,患此病者对网络具有很强的依赖性,他们每天可以不吃饭、不睡觉,但不能不上网。网络以及网络游戏,继电子游戏之后,被人称为"电子海洛因",正蚕食着未成年人的心理和生理健康。

网络时代的到来,改变了人们的生存空间,缩短了人与人之间的距离。但是网络对未成年人的成长来说,是一把双刃剑。第一,互联网为青少年提供了求知和学习的广阔校园。在互联网上的虚拟学校中上课,目前已成为国外大、中学校的一种新颖的教育模式。青少年不仅可以通过互联网及时了解学校的情况,而且还可以直接学习课程,和学校的老师进行直接交流、解答疑难、获取知识。诸多的网上学校的陆续建立,为青少年的求知和学习提供了良好的途径和广阔的空间。第二,互联网为青少年获得各种信息提供了新的渠道。当前青少年的关注点十分广泛,传统媒体已无法及时满足青少年这么多的兴趣点,互联网信息容量大的特点最大程度地满足了青少年的需求,为青少年提供了最为丰富的信息资源。第三,互联网有助于青少年不断提高自身技能。在互联网上,我们几乎可以找到涉及人类生活的所有方面的各类信息,对能够熟练使用计算机的青少年来说,可以说是取之不尽、用之不竭、学之不完的知识宝库。第四,互联网有助于拓宽青少年的思路和视野,加强青少年之间的交流和沟通,增强青少年的社会参与度,开发青少年内在的潜能。由于互联网的包容性,使上网的青少年处于和现实生活完全不同的环境中,在思考的过程中,青少年不仅锻炼了自己独立思考问题的能力,而且也提高了自己对事物的分析力和判断力;网络的互动性使青少年可以通过网上聊天室或者是 BBS 等方式广交朋友,参与社会问题的讨论,发表观点见解;而网络的无边无际也会极大地激发青少年的好奇心和求知欲,使其潜质和潜能能有效地开发出来。

以上四点都是互联网对青少年的正面影响,那么,互联网对青少年有没有负面影响呢?

随着越来越多的青少年逐渐接触和深入网络空间,负面影响日趋凸现。主要集中在以下几个方面:

第一,对于青少年"三观"形成构成潜在威胁。有的青少年思想处于极度矛盾、混乱中,其人生观、价值观极易发生倾斜,从而滋生全盘西化、享乐主义、拜金主义、崇洋媚外等不良思潮。

第二,上网使某些青少年容易形成一种以自我为中心的生存方式,集体意识淡薄,个人自由主义思潮泛滥。

第三,信息垃圾弱化青少年的思想道德意识。有关专家调查,网上信息 47% 与色情有关,六成左右的青少年在网上无意中接触到黄色信息。还有一些非法组织或个人也在网上发布扰乱政治经济的黑色信息,蛊惑青少年。这种信息垃圾将弱化青少年思想道德意识,污染青少年心灵,误导青少年行为。

第四,网络的隐蔽性,导致青少年不道德行为和违法犯罪行为增多。一方面,少数青少年浏览黄色和非法网站,利用虚假身份进行恶意交友、聊天。另一方面网络犯罪增多,例如传播病毒、黑客入侵、通过银行和信用卡盗窃、诈骗等。这些犯罪主体以青少年为主,大多数动机单纯,有的甚至是为了"好玩""过瘾"和"显示才华"。另外,有关网络的法律制度不健全也给青少年违法犯罪以可乘之机。

分析带来负面影响的原因,主要有以下几点。

1.未成年人身心发展特点的原因

学生时期是一个非常特殊的阶段,个体从小学进入初中、高中阶段,其身心发展起了重大的变化。首先是出现了对其心理与行为有重要影响的两方面需要,第一是性的成熟,使未成年人性意识与性冲动出现,即出现了性的需要;第二是由于身体的全面发展,使未成年人产生了成人感,出现了强烈的独立性需要。这些身心发展特点就势必导致了他们容易受网上信息的干扰。

2.互联网本身的原因

互联网具有全球性、互动性、信息资源及表现形式丰富和使用方便等特点,这为以赢利为目的的色情服务业提供了难得的营业场所。这些网站为吸引顾客,往往在主页上张贴色情图片,使任何在网上冲浪的人有意无意地就能看到,未成年人当然也不例外。心智尚未成熟的未成年人一旦接触这些内容,受到的影响可想而知。

3.家长和学校的原因

某项调查数据中有79.4%的中学生家长没有对孩子进行上网引导。当今社会,家长将大量的时间放在了工作上,没有大人陪伴的学生便用上网来消磨时间。学校作为学生最为集中并接受教育的场所,是学生受教育中的最重要一环。但是有的学校忽视对学生的网络品德教育,忽视我们的传统教育往往回避的青春期教育问题,导致学生缺乏正确的引导和网络道德意识。

4.社会原因

目前网吧经营竞争激烈,致使一些业户出于营利目的,不顾法律和道德,投其好奇心,专搞不正当竞争。同时通信、公安、文化和工商在对网吧的管理上,还不够和谐一致,"三证"不全的网吧还大量存在。防范措施和监管制度仍滞后于网络技术的发展。

与网络对青少年的正面影响相比较,其负面影响显得更加突出而尖锐。要解决这些问题,发挥互联网对青少年的积极作用,摒弃和遏制互联网对青少年的负面影响,关键在于广大心理卫生工作者、学校、家庭、社会如何进一步发挥电脑网络积极的心理效应,控制和减少其消极作用,这是一个全新课题。

【方法指导】

分析出网络对学生成长产生负面影响的原因,我们应当根据原因,结合实际,共同探讨避免网络负面影响的措施。

首先,从学生来看,主要做到以下几点:

(1)严格控制时间。上网时间不能过长,一般以一次不超过2小时为宜。

(2)确定规则。上网应以不影响学习为度,能在完成学习任务后上网的,给予奖励;反之,则应受罚。特别要杜绝网络上暴力与色情的内容。暴力会强化人的攻击欲望,更可怕的是会使人对残忍行为失去敏感。而色情则使人失去纯洁美好的感情,对异性产生误解与偏见,甚至心灵都变得扭曲。儿童和青少年身心稚嫩,尤其不能接触色情,对纯洁感情的破坏,将会在一生中都留下阴影。

(3)上网前先订目标。每次上网前花两分钟想想你要干什么,把具体要完成的任务列在纸上。

(4)建立自我防范意识。网络世界为藏污纳垢提供了方便与机会,青少年学生对网络犯罪一定要有所警惕。不法分子借助网络的虚拟化,把其当作犯罪的工具,或利用网上交友之名搞恶作剧,玩弄感情,进行敲诈勒索。与网络有关的色情、暴力犯罪与诈骗犯罪形成了新的犯罪倾向。青少年学生一定要增强自我防范意识,决不能轻信所谓的"网友"。自己也要注意养成健康文明的习惯,决不在网上做不道德的事情。

(5)对上网要有正确的心态。网络是获取信息、进行交流及适当娱乐的地方,它无法解决现实中存在的问题,不要把上网作为逃避现实生活问题,或消极情绪的工具。这是画饼充饥、无济于事的。网上交际也不能代替现实生活的社交活动,因此必须保持与周围人的正常交往。有心理疾病的人最好不要上网去寻求安慰,而应求助于心理医生,应设法以积极的心态面对生活,从现实生活中获得成就感与满足感。

(6)避免网络成瘾。网络成瘾简称为 IAD,其主要表现为:上网时精神亢奋,下网后忧郁烦躁,为了上网可以花费大量时间(平均每天在 5 小时或 5 小时以上),不惜支付巨额上网费用,宁可荒废学业或事业甚至抛弃家庭,也要与电脑为伴,严重的会导致精神崩溃。一旦发现有网络成瘾的症状,一定要尽快借助各种力量来帮助矫治,切勿怠慢。

其次,从学校和教师来说,应主要做到以下几点:

(1)采取适当的技术防护。对于学生的网络行为的规范,采取适当的技术防患是必不可少的手段,这是一个有效的防患策略。为确保学生在校园网吧里健康、安全地上网,校园网吧必须有反黄色、反暴力、反迷信及防止反动内容的措施。但这只能是一种辅助性的方法,根本还要依赖人为的监管和疏导,从培养他们良好的网络行为习惯入手,实现良好信息素养的逐渐养成。

(2)引导网络学习。复杂网络中的有效学习与交流,是孩子获取知识和提高能力的重要途径,教育者以身作则的师表示范,是引导和规范孩子网络行为的有效捷径,我们不可因自己无知而反对孩子求新的言行。

(3)做学生的网友。要了解学生的心理渴求,一方面加强同学生在真实环境中的面对面交流,同时还要悉心地做孩子虚拟环境中的真诚网友。只有这样,才能适应时代需求,促进教学过程中师生间相互的理解和信任。

（4）组织集体活动。现实竞争的残酷和学习任务的繁重,缺乏真实生活经验和情感交流的青少年,很容易陷入网络虚拟的人际交流空间,我们应细心地组织现实的文艺、娱乐活动,让孩子们在读书、唱歌、体育、郊游、游戏、座谈等活动中,得到情感的交流和人生理念的提升。

再次,在家庭教育方面,为人父母的家长应该在家庭教育中渗透互联网教育,通过润物细无声的春风化雨式的教育方法,引导孩子正确上网,发挥网吧在孩子成长发育过程中的积极作用,同时尽力避免其带来的负面影响。为此,专家们提出了如下建议:

（1）不要将电脑安装在孩子的卧室,最好放在家中的明显位置。

（2）控制孩子使用电脑的时间和方式。

（3）经常了解孩子的网上交友情况。

（4）与孩子共同阅读电邮来信,预先删除含色情内容的垃圾邮件。

（5）在电脑上安装禁止访问色情网址的软件。

（6）未经父母许可,不要让孩子与网上结识的陌生人会面。

（7）安装可过滤检测并禁读性、色情、黄色等字词的软件。

（8）控制孩子远离网上聊天室。

（9）教育孩子不要轻易将个人信息在网上发布。

（10）与孩子一起上网。

此外,政府其他有关部门要加大对网吧等营业性场所的管理和治理,严格执法,对非法网吧坚决取缔,同时制订相应的网络法律与法规,规范网络行为。此外,加强网络工作的队伍建设,努力建设一支既具有较高的思想道德修养、了解熟悉中学生心理特点、思想情况,又了解网络文化特点,能比较有效地掌握网络技术的队伍,建设一批能吸引中学生"眼球"的绿色网站,在网上进行生动活泼的教育,弘扬主旋律。

【经验共享】

案例1

致家长的一封信

校园网成功开通后,孩子们上网热情很高,从不放过任何可以上网的机会。有的家长担心孩子在校上网会受到负面影响,忧心忡忡。为了打消家长们的顾虑,学校专门给家长发了一封信,内容如下:

尊敬的家长:

您好!自从学校校园网开通以来,我们首先对学生进行了网上安全教育,与此同时学校还专门购买了"任子行互联网监控系统",通过技术手段和多种设置,能够全方位阻挡网上色情、暴力、犯罪等不良信息对青少年的腐蚀和诱导,限制学生的邮件通讯对象和网上聊天对象。我们可以根据一定的教学需要,限定学生能够访问的站点,有目的地管理学生的互联网访问行为,在管理端,我们可以检查、指导并可监看学生上网情况。您的孩子在校上网,请放心!

深圳××学校

××年××月

案例2

网上学习小组

为了培养学生的协作精神和合作研究问题的能力,在湖北黄冈某学校老师的支持下,我指导我们年级的三个同学,与该校的三个同学一起,组成了一个网上学习小组,现在已经有一年了。虽然深圳和黄冈相距遥远,但互联网使学生共同拥有了一个"家",使他们能够"亲密接触",合作学习一直开展得很好。

他们合作研究的第一个问题是"小学生压岁钱怎么花"。两地的孩子们通过调查研究,把获得的数据和了解到的实例通过网络共享,并一起来讨论分析，然后达成共识。他们发现，深圳孩子收到的压岁钱平均比黄冈孩子多 300 元，深圳孩子收得多的是少的 30 倍，是黄冈的 8 倍；这些压岁钱用于购买玩具、购买学习用品的比例，深圳分别是 41％、14％，黄冈是 20％和 27％，可见深圳孩子玩的消费比黄冈孩子高很多，黄冈孩子对学习相对重视一点；把压岁钱用于交学杂费的同学所占的比例，深圳是 15％，黄冈是 32％，可见深圳孩子对压岁钱的支配更自主一些。

　　孩子们合作研究的第二个问题是"沿海和内地的秋天"，从立秋开始一直到冬至，孩子们每周交流一次观察报告，甚至把显著的季节特征拍成图片在网上共享。深圳的秋天特征不明显，通过阅读黄冈的学习伙伴写的十多篇观察报告，看到了内地秋天"落叶""凝露""雾霭""寒霜"等逼真的图片，深圳的孩子们真是高兴极了。

　　孩子们在自己的网页上还经常进行多方面的交流与合作。他们还想邀请其他城市的小朋友一起来进行网上学习呢！

　　面对未成年人上网问题，作为教育工作者不能有"网络恐惧症"。不应只看到它负面的影响而忽视了它的积极作用，网络能够引导学生走入一个空前丰富的信息世界，进行交流与学习，不再是故步自封，然而我们应该正确地利用，充分发挥它的教育功能。端正学生的上网态度，科学地探索中学生上网的心理健康问题，引导学生在网络里翱翔，涉猎其丰富而健康的信息和科学知识。

　　总之，网络的发展是无人能阻挡的，其强大的生命力，说明了其存在的价值，对学生上网采取"堵"的政策不是明智之举，如何让网络为学生学习和成长服务，是我们要关注的重点，学校和老师对学生的引导至关重要，家长自身要加强学习，和社会各界要努力打造一个无毒的网络，这样我们才能看到一个更好的明天。

第二节　培养学生的法律意识

　　未成年人是社会的未来,祖国的希望,他们的素质决定着社会未来的走势。近年来未成年人犯罪率呈上升趋势,且显现低龄化,20世纪90年代末期与20世纪80年代后期相比,犯罪年龄平均降低0.8岁,这成为一个十分突出的社会问题。近年来,未成年人犯罪不仅在案件数量上急剧增加,而且犯罪成员在案件总数中所占比例也大幅度上升。虽然经过多年"严打",社会风气和社会秩序有了明显好转,各种犯罪率开始出现下降趋势,但未成年人犯罪问题依然十分严重,犯罪年龄相对提前,而且蔓延快,作案手段凶狠,危害严重。未成年人犯罪已成为当前刑事犯罪活动中的热点问题,而且团伙作案突出,反复性强,重新犯罪率高,在社会上已造成严重危害,对当前社会的稳定构成了威胁,越来越引起社会各界的关注,如何预防和减少未成年人犯罪一直是全社会关心的话题。

　　家庭教育能力的弱化是目前较为普遍的一种现象。不少家庭缺乏应有的教育子女的意识和知识,缺乏科学地教育子女的方法。家庭教育不当是未成年人走上违法犯罪道路的一个重要因素。有的未成年孩子在外又吃又玩,有时几天不回家,父母却从不寻找或报案。家长的疏于管理放任自流,是未成年人走向犯罪的一个重要原因。

　　近年来,未成年人犯罪的情况不容乐观。自20世纪90年代以后,未成年人犯罪的情况也出现了缓和下降的趋势,但是,从1997年起,未成年人罪犯的数量又出现反弹,开始逐年攀升,占全部刑事罪犯人数的比例越来越大。

　　1.未成年人犯罪的具体表现

　　什么是未成年人犯罪?未成年人犯罪,是指已满14周岁不满18周岁的人实施了法律规定的犯罪行为。分析近年来未成年人犯罪的案例,我们发现未成年人犯罪,无论在犯罪类型还是在犯罪主体上,都具有与其他犯罪所不同的鲜明特点。具体表现在：

（1）犯罪主体年龄低龄化

近年来，犯罪的高发期年龄在 18 岁左右，其中以 14～16 岁少年犯罪更为突出，并呈现越来越低龄化的趋势。据对上海青少年犯罪情况统计，14～16 岁的少年犯已占未成年人犯罪的 64.2%，尤其是刚达到刑事责任年龄的 14 岁孩子竟占了其中的 15.1%。如果算上违法情节轻微，或因年纪太小不以犯罪论处的，则犯罪的始发年龄更小，有的十一二岁就开始有劣迹，有的十三四岁就进行犯罪活动，甚至参与重特大犯罪活动。

（2）犯罪类型多元化

过去未成年人犯罪，大多以盗窃活动为主。而目前未成年人犯罪的类型越来越多，对社会的危害越来越大。如抢劫、强奸、杀人等严重刑事暴力性犯罪迅速增加，贩毒、虚开增值税发票、介绍容留他人卖淫、绑架勒索等罪名，在未成年人犯罪中也占有一定比例。

（3）犯罪手段凶残化、智能化

所谓凶残化是指未成年人在作案时，不计后果、惨无人道，在犯罪过程中，对被害人没有丝毫同情怜悯之心，有的残害被害人肢体，有的为消灭证据而灭口。所谓智能化，一是指未成年人在犯罪中使用的工具越来越先进。例如在通讯工具上使用手机、对讲机等，在代步工具上使用摩托车甚至小轿车。二是实施高科技犯罪，未成年人越来越多地采用一些现代化的技术和手段进行犯罪，例如网络犯罪等。三是未成年人反侦察能力不断增强，实施犯罪之前精心部署，作案后伪造现场，毁灭、转移证据。

（4）犯罪成员团伙化

团伙犯罪亦称帮伙犯罪，是我国青少年犯罪的主要类型之一，是共同犯罪的一种形式。由于青少年缺乏对行为后果的评判能力，法制观念淡薄,受到"哥们义气""为朋友两肋插刀""责任扩散"心理等错误观念的影响,易在团伙犯罪时冒险、冲动,酿成大案或恶性案件,在青少年犯罪团伙形成后,他们相互模仿、影响,以大带小、以老带新,像滚雪球一样,越滚越大,使团伙犯罪迅速发展、蔓延。但这种团伙由于无严密的组织结构,随意结伙,比较松散,根基不牢,仍具有一哄而散、一哄而起的易变性和纠合性。还有的为了相互刺激、比强逞能及错误的英雄观的推动,不少团伙成员在纠合性的犯罪中,表现出胆大妄为、心狠手辣,甚至还会做出更残暴的案件来。社会犯罪本身就是具有传染性的,如果团伙成员之间通过恶性交往与相互影响,就会使新的犯罪行为和手段像瘟疫一样迅速在团伙成员中蔓延开来,极具腐蚀性。

(5)未成年人犯罪动机简单

当前社会上出现的某些分配不公的现象,使未成年人心理上严重不平衡,当他们生活、学习或社会交往中受到某种刺激时,使其心理状态与周围的社会环境发生激烈冲突,心理矛盾恶性膨胀,因而其犯罪也带有一定的突发性。不少未成年人为了追求物质享受,寻找精神刺激,变换手法向侵财方面转化。未成年人犯罪多是为了追求物质享受和精神刺激,这是当前犯罪的一个显著特点。

2.未成年人犯罪的主要原因

任何事物的存在都有其理由,任何现象的出现都有其原因。青少年犯罪作为社会现象中的一种特殊现象,同样有其发生的原因。

(1)个人因素

一切犯罪行为都是在一定的心理支配下进行的。未成年人虽然心理尚未成熟,但他们的犯罪行为也是受心理支配的。为什么未成年人犯罪具有显著区别于成年人犯罪的特点?这是与作为犯罪主体的未成年人在这一特定年龄阶段下所固有的生理和心理特点分不开的。矛盾是普遍存在的,矛盾存在于一切事物发展的过程中。由于未成年时期的年龄特点所形成的矛盾也是贯穿未成年人成长的全过程的,虽然这些矛盾与未成年人犯罪行为的产生并无必然的联系,但是如果这些矛盾得不到合理的解决,很可能成为未成年人犯罪的动因。

①情绪不稳定、认知能力低、辨别能力差。未成年人的心理处于半幼稚、半成熟状态,他们社会阅历浅,缺乏明辨是非曲直的能力,经常表现为认识上的片面性、表面性,而且固执己见。他们情感丰富,但情绪不稳定。当他们在家庭、学校和社会上遇到困难、遭遇挫折时,往往盲目相信自己、同学及社会朋友,因而容易被身边的不良朋友引入歧途,进而愈陷愈深,不能自拔。

②自控能力差、好奇心理强、逆反心理重。未成年人对一切感到新奇,对自己不了解的现象,不理解的问题都表现出十分强烈的好奇心和求知欲,但由于他们社会经验不足,认识能力尚未发展成熟,对许多社会现象和科学的准则还没有自己定型的见解和观点,容易受暗示而模仿,自觉不自觉地受一些不良因素的影响,看问题时以偏概全、固执己见,自己认为正确且符合自己兴趣爱好的知识就不加考虑地片面接受,以致受到不良的社会风气和一些宣扬暴力、色情的不良文化的影响而走上犯罪道路。此外,未成年人的生理发育不够成熟,理智控制不住情感的裂变,从而导致其逆反心理普遍较重,突出表现为越是家长、学校、社会所反对的和禁止的,他们反而越是"乐此不疲"。

③盲目崇拜、模仿力强、行为传导快。社会把未成年人当"孩子",而未成年人却把自己看成大人,他们渴求了解社会、接触社会,总是向往像成人一样独立地进行各种社会活动,带有很大盲目性和依赖性地学习、模仿成年人便成为他们让自己"长大"的一种重要方式,而这种盲目地模仿很容易让他们误入歧途。

④性功能成熟、性心理扭曲。未成年时期,性功能逐渐发育成熟,从而产生强烈的性意识,有接触异性的需求,有了性的欲望和冲动。然而,

他们又缺乏组建家庭和负担家庭的法律道德责任和经济能力,从而产生了生物性和社会性的矛盾。如果,这一时期的未成年人不能正确处理好这对矛盾,那么就不可能正确对待两性关系,就有可能放纵自己,对自己的行为不加约束控制,从而强化这对矛盾,导致性方面的违法犯罪。

(2)家庭因素

家庭作为社会的细胞,是未成年人一生中经历的第一个场所,是他们社会化过程的起点。在未成年人社会化过程中,家庭起着举足轻重的作用,而不良家庭环境对未成年人不健全人格的形成具有原发性的影响。

①家庭结构有缺陷。家庭的残缺,是未成年人犯罪的"催化剂"。夫妻关系是家庭存在的基础,当夫妻双方感情破裂,或者因为离婚、死亡、服刑以及其他原因失去了夫妻中的一方或双方时,致使家庭结构的完整性遭到破坏。在这种家庭中,尤其是失去丈夫的家庭,家庭收入减少,生活水平下降,教育子女的责任就落到了妻子一方,再加上家务劳动的压力、时间、精力等的限制,疏于管理和教育,极易导致未成年人放任自流,误入歧途。

另外,由于家庭结构不完整,导致家庭成员间的情感交流失衡,人际关系冷漠,未成年人很容易形成孤僻、冷漠、自卑等不良性格特点和反叛心理。他们在家里得不到爱和精神生活的满足,往往会向外寻求精神支持和寄托。这样,由于他们心理尚未成熟,社会经验不足,在不良环境的影响和坏人的教唆、引诱下,很容易走上犯罪道路。

②家庭教养方式不当。家庭的教养方式直接关系到教育的成败。一些家长没有遵循未成年人生理、心理特征和成长规律,造成教养方式不当,是导致未成年人犯罪的一个很直接的、很重要的原因。据广东省少管所反映,在该所服刑的少年犯中有80%和家庭教养方式不当有关。家庭教养方式不当具体表现在娇宠、溺爱,简单粗暴,放任自流,期望过

高,缺乏情感沟通等方面,这都可能致使孩子走上犯罪的道路。

③父母的不良恶习。父母的言传身教无疑会直接影响子女的身心健康,未成年人明辨是非、控制自己的意志能力较弱,如果其父母有赌博、酗酒、盗窃、卖淫嫖娼等不良恶习或者犯罪史,都会给子女造成不良影响,容易诱使未成年人产生犯罪动机。

④家庭气氛不和睦。家庭气氛可以成为未成年人违法和犯罪的直接原因。不和睦或冲突的家庭气氛,与违法行为率关系甚大。不和睦的家庭与和睦的家庭相比,其子女违法行为者明显增多。家庭成员之间特别是夫妻之间经营充斥着吵骂、指责、揭短、厮打,弥漫着一种冲突或不和谐的气氛,会给子女带来极大的挫折感和不安全感,长此下去会造成子女性格内向、孤僻、自卑等人格障碍。有些子女为逃避这种不和睦的家庭气氛,极易离家出走,流落街头,一旦受到不良因素的影响,就会走上犯罪的道路。

⑤家庭过于贫困。由于父母的工作压力较大或者父母双方都下岗,家庭条件过于贫困,容易使孩子在同龄人中产生自卑感,很容易形成孤僻、内向的性格和敌视社会的心理。为了满足自己从家庭中无法得到的物质欲望,往往铤而走险。家庭居住的环境和周边条件不良,周边人员的职业道德素质、治安管理、文明程度等都是影响孩子成长的因素,孩子容易受周围不良青年的影响,走上违法犯罪的道路。

(3)学校因素

当今社会的青少年以敏感的心灵感受着时代的变化,具有早熟、早知、思维活跃、见多识广的特点。学校教育对促使他们丰富知识、增长才干、塑造健全的人格起着巨大的作用,但学校教育中存在的误区和盲区却极大地影响着未成年人的健康成长。教学机制不均衡、片面追求升学率、法制、心理等素质教育手段滞后等因素都可能诱发未成年人犯罪。分析学校方面的因素,主要有:

①教学机制不均衡。这是影响未成年人综合素质提高的重要原因。"考考考,老师的法宝;分分分,学生的命根",在强调素质教育的今天,不少学校仍将升学率和分数作为指挥棒和价值尺度来衡量教师业绩和学生成绩的优劣。在教学实践中将文化课的学习、考试放在首位的"硬任务",出现重点与普通、快班与慢班、优生和差生的明显划分。近年来,因中小学生课业负担过重导致学生出走、轻生,甚至走上犯罪道路的恶性事件时有发生。

②忽视思想品德教育。由于在教育观念上片面强调智育的重要性,学校在很大程度上淡化了对学生思想品德的教育和培养,即使有这方面的教育也往往是方法简单、陈旧或是流于形式,而且内容空洞、脱离实际,对学生缺乏吸引力,甚至引起学生的逆反心理和对抗情绪,这样就很容易使成长中的未成年人排斥主流文化,而对不良亚文化产生认同,进而在不良亚文化的吸引下,形成不良亚文化群体与主流文化相对抗,经过相互感染和认同,最后堕落为未成年人犯罪团伙。

另外,未成年人在心理发育和人格形成的过程中,缺乏应有的道德,引导和培养,很不利于他们形成正确的人生观、世界观,对社会上的各种消极因素的"免疫力"极低,在外界诱因的作用下,极易产生犯罪心理,走上违法犯罪道路。

③法制教育效果不佳。从目前中小学的法制教育来看,情况也不容乐观。现在许多学校,特别是条件比较差的农村学校,还没有开设法制课;在城市里虽开设了法制课,但法制教育均停留在几堂课的表面化水平上,少得可怜的授课时间,缺乏对症下药,对一些看似平常的学生间的矛盾冲突可能发展成严重的问题预见性不强,特别是对性格特殊、行为异常的学生缺乏具体的监控、矫正措施,使相当一些学生还处在法盲的位置上。

④青春期性教育和心理健康教育滞后。目前,学校的青春期性教育

基本上仍是空白,而未成年人的青春期基本上都是在学校期间度过的。由于获得正确性知识和性教育的渠道不畅通,得不到及时、正确的指导,使得他们在性知识上表现为愚昧无知,于是,在好奇心的驱使下,他们把探索的目光投向了色情网站及淫秽音像制品等。由于生理和心理方面的成熟不同步,以及道德法制观念的淡薄,在外界的刺激下,加上他们自我控制能力不强,往往会出现越轨行为。

未成年时期面临着心理矛盾冲突的急剧发展和紧张繁重的学习负担,及家长望子成龙所造成的巨大压力,这使得他们在学习和生活中产生了各种心理困惑、心理失衡甚至心理疾病。但是,由于目前的学校教育中,忽视心理健康教育,没有开设专门的心理课程,只是将心理教育的内容纳入思想品德教育中,这使得学生的心理问题得不到及时的解答和引导而更加严重。当他们不能承受时,很可能走向极端,通过暴力等方式宣泄出来,造成暴力、强奸等犯罪。

⑤歧视、鄙夷"差生"。对后进生和双差生,一些学校和老师不是耐心细致地帮助教育,而是嫌弃、歧视,动辄训斥、辱骂、体罚、轰出教室,甚至勒令退学、开除学籍,将在校学生随意推向社会。其结果必然加剧后进生、双差生的自卑和逆反心理,放任他们和社会上的闲杂人员纠集在一起,成为社会"垃圾",最终跌入犯罪的泥潭。学校对后进生、双差生的疏于教育管理甚至歧视、鄙夷加速了其走向犯罪的步伐。

(4)社会因素

社会不良因素的影响是滋生犯罪的"肥沃土壤",某些不良因素歪曲了一些未成年人的心理和思想,极易把未成年人引向犯罪。此外,我国一些法律上的漏洞也是诱发未成年人犯罪的原因之一。

①司法管辖门槛高,在我们国家,刑法规定犯罪人必须年满 16 周岁才负刑事责任,而年满 14 周岁只有犯法定的八种犯罪才追究刑事责任。这就有了很大的空缺:不满 14 岁的或已满 14 岁不满 16 岁少年的不良行

为不属于司法管辖范围,司法管辖门槛过高。这样做的结果是,大量危害社会的行为被排除在犯罪之外,从而排除在司法管辖领域之外,造成很多青少年违法后得不到及时的预防及处理。

②文化市场失控。由于文化市场的失控,不良文化泛滥已经成为未成年人犯罪的直接诱因。未成年人处于求知和学习的人生阶段,其主要的行为方式和行为的习得方式就是模仿。这样,媒体上的暴力、色情以及过于详细的犯罪团伙的组织形式和犯罪过程的描述成为他们模仿的对象。耳濡目染,久而久之,一部分未成年人成为了犯罪的"高手"。

③非司法矫正措施不到位。首先,社区预防刚刚萌芽,存在很多问题,如地域发展不平衡;对社区预防青少年违法犯罪的理念认识不清;社区预防工作框架没有合理规划;缺乏人力、财力的资源配置;缺少配套政策和法律的支持等等。目前社区预防基础工作尚未扎实。其次,工读学校尚未发挥作用,存在很多问题。如工读学校每年以 3%～5% 的速度下滑;学校地区发展失衡;经费紧张,设施简陋,难以会聚优秀师资;社会歧视和误解,承受无形压力。

未成年犯罪的成因是多种多样的,也不是一成不变的,随着周围环境的变化和社会的不断进步,其犯罪的成因也会呈现不同的方式。只要全社会都来关心未成年人,都来关注未成年人犯罪问题,就会切实地减少未成年人犯罪,我国的未成年人才会得到全面健康的发展。

【方法指导】

未成年人是 21 世纪希望所在,也是关系到国家前途、民族兴衰、事业成败的重大问题。因此,研究和分析未成年人犯罪的特征,努力探究其越轨足迹,寻求矫治谋略就愈来愈显得重要。针对上文分析的原因,社会各方都应当做好预防未成年人犯罪的工作。

1. 营造良好家庭环境

未成年人大部分都生活在家庭与社会之间,家庭是未成年人的"第一学校",良好的家庭环境更有益于未成年人健康成长。

(1)要提高广大家长管理未成年人的水平。未成年人大多数都是学校学生,学校可通过举行家长会、家长学校等方式为家长提供学习的机会,让家长懂得教育孩子不但要"管",而且更多的是关心、爱护、启发、引导,让孩子不但身体健康,而且心理也健康。

(2)加强学校、教师、家长、学生之间的交流,互通学生在生活、学习、心理情绪变化等情况,便于各方面采取有效方法加强对孩子的管理。

此外,家长还要提高自身法律素质,多参加形式多样的法制教育活动,努力提高自己的法律素质。同时家长还要自觉遵守法律法规,成为孩子的榜样。此外,家长还应当配合学校对子女进行通俗的法制教育,时常教育自己的孩子学法守法,用法律的武器保护自己的权益,对孩子的不良行为及时予以纠正。

2.改善学校教育

未成年人犯罪的现象日趋突出,积极预防未成年人犯罪是一项社会系统工程。作为教书育人的专门机构,在预防未成年人犯罪方面,学校肩负着十分重要的作用。针对当今教育的现状,要有效地预防未成年人犯罪,学校应特别做好三件事:一是要通过各类活动,加强对青少年的法制教育,增强其法律意识。如"四五"普法活动是提高未成年人法律意识的有效手段。二是各类学校要重视对未成年人的法制教育。为学生配备专门的法律知识教材和法律教师,进一步完善法制副校长制度和青少年法制教育基地,并积极探索和采取有效的措施,避免走形式。三是要注意对"三差"学生的挽救,不歧视"三差"生,把他们从违法犯罪的边缘挽救回来。

3.营造适合未成年人健康成长的社会环境

未成年人生活在整个社会大环境中,其中的不良因素往往侵蚀着未成年人幼小的心灵,消除这些不良因素,方能为未成年人的健康成长营造良好的大环境。

（1）各级各部门都要关心未成年人的成长,关注他们所处的社会大环境的状况,加强对未成年人的教育和保护。特别是加大宣传教育力度,加强对社会不良风气的整治。

（2）司法行政部门应根据实际情况,对易于诱发未成年人犯罪的犯罪种类严密控制和打击,遏制其诱发力。

（3）教育行政部门、综治单位、派出所等要认真贯彻《预防未成年人犯罪法》,制订切实可行的预防未成年人犯罪的各项措施,完善责任制度,形成有效的防范网络。

（4）学校和有关部门密切配合,净化校园环境,彻底清除校园周边环境中的网吧、游戏室等娱乐场所。

【经验共享】

案例

普法讲座

某校组织了一次普法讲座,邀请了当地有名的法律专家来到校园,给大家讲起了法律知识。这是他的讲稿——

普法及自我保护

老师、同学们,你们好:

今天,我想给大家讲讲未成年人的权利、义务和"违法"、"犯罪"的概念以及未成年人如何加强自我防范意识。

讲课之前,我要向大家先介绍以下三个概念,即"未成年人"、"少年"、"青少年"。"未成年人"这一概念从法律上说它是以年龄的划分为标准的,根据《未成年人保护法》第二条的规定,"未成年人是指未满十八周岁的公民",该法对未成年人的下限年龄未作出规定,也就是宣告对未成年人从一生下来就加以保护。举个例子,每个刚出生的婴儿都享有财产继承权。"少年是指已满14周岁,不满18周岁的未成年人",按照实际上的规定,少年也是未成年人。"青少年"是一个笼统的、习惯性的称呼,既包括成年人,又包括未成年人,它不是法律上的概念。因此,在日常生活中,当别人称你为未成年人、少年或青少年时都不算错。但是在适用法律时,必须明确什么是未成年人,什么是少年,什么是青少年,这一点很重要,因为不同的称呼意味着享有不同的权利和承担不同的义务。如今我们在宣传媒体中经常听到未成年人要积极争取自己的权利,履行自己的义务等等,那么未成年人到底有哪些权利和承担哪些义务呢?

未成年人作为公民的一部分,所享有的权利是相当广泛的。具体来说,在我国未成年人的权利主要包括八个方面的内容:(1)政治权利,(2)人身权利,(3)受教育权利,(4)个人财产所有权,(5)继承权,(6)社会经济权,(7)诉讼权利,(8)其他权利。

在这里,我给同学们着重讲一讲人身权利和诉讼权利。

1.人身权利

人身权利可以分人格权和身份权两方面的内容。首先给大家讲讲什么是人格权,人格权是基于自然人本身所固有的权利,包括生命健康权、姓名权、肖像权、名誉权。身份权是基于自然人之间的某种关系,某种事件或某种行为而产生的地位、资格等方面的权利。具体来说包括两个方面:一是亲属权、抚养权和监护权,主要有:(1)未成年人有要求父母抚养的权利,父母不履行抚养义务时,未成年人有要求父母给付抚养费的权利;(2)家庭中不受虐待、不受遗弃的权利;(3)有随父姓或随母姓的权利;(4)无行为能力和限制行为能力的未成年人有得到监护的权利;(5)父母离异后,仍享有被双方所抚养和教育的权利。二是知识产权,包括著作权、发现权、发明权、专利权等。

2.诉讼权利

诉讼权利包括:(1)起诉权;(2)不被公开审理的权利;(3)对不满18周岁的未成年人犯罪的案件,在讯问和审判时,可以通知犯罪嫌疑人、被告人的法定代理人到场;(4)被告人是未成年人而没有委托辩护人的,人民法院应当指定承担法律援助义务的律师为其提供辩护。以后有机会，指导同学们组织模拟法庭，这样你们对这项权利会有更深的了解。

接下来再给同学们讲一讲未成年人应承担的义务，它总共有六点：

(1)维护国家统一和民族团结的义务；(2)遵守宪法和法律，保守国家秘密，爱护公共财产，遵守劳动纪律，遵守公共秩序，尊重社会公德的义务；(3)维护国家安全、荣誉和利益的义务；(4)保卫祖国，依法服兵役的义务；(5)依法纳税的义务；(6)受教育的义务。

第三节　说谎的问题与教育

说谎是人类交往过程中经常出现的一种现象。一般来说，说谎具有欺骗他人的目的，而且说谎者说的是不真实的事情。

最早对说谎概念做出界定的是皮亚杰，在界定时他关注于行为的意图因素。他在1930年的研究表明，6岁以下儿童尚不能考虑意图的性质而将所有的错误行为都视作说谎，直至10岁时儿童才认识到只有有意的欺骗才能被认定为说谎。自20世纪80年代以来，研究者扩展并修正了皮亚杰的研究，对说谎概念进行了多样的界定，英国朴次茅斯大学的维吉(Aldert Vrij)曾对有关概念进行过梳理。尽管不同研究者对说谎有不同的界定，但概括起来，这些定义主要强调了以下三个要素：陈述目标的虚假性、传递者认为它是虚假的、传递者具有欺骗接受者的意图。

西班牙学者Masip等人对说谎概念的界定，即说谎是通过言语或非言语的方式，有目的地隐瞒、伪造或假造有关事实或情绪的信息，以诱导他人形成或维持一种沟通者本人认为是假的信念，无论成功与否，均可被视作说谎。有研究者(王炯、辛自强)认为，这个界定既包含意图的要素，又包含沟通者信念的要素，可以说是一个综合的、完整的和逻辑上比较严谨的定义。

一般地说，中小学生说谎的原因有多个方面，不能一概而论，主要的原因可以从内因和外因两方面来分析。

一、说谎的内因

1.儿童认知的泛化和概念的混淆而造成的想象或幻想型说谎

这种类型的"说谎"在幼儿园和小学低年级的孩子身上发生率比较高。这个阶段的儿童由于缺乏判断力、批判力以及认知的泛化，特别是由于其对某些概念混淆不清，容易造成不由自主地说谎。例如，儿童分不清自己的想象与现实之间的界线，会用言语来描述某种幻想的东西。他们容易把想象的东西当作事实加以描绘，把已发生的事记为目前的事，把这件事记成那件事，尤其是当其十分渴望或羡慕一件事或得到某一件东西时，会把希望发生的事通过想象变成事实，进而形成无特殊目的的谎言。我们有时能够明显地看出儿童的描述不符合逻辑，有时则需要细心观察才能发现儿童在"说谎"。这种"谎言"，实质上是儿童想象的反映。

2.为了逃避惩罚而说谎

一般而言，青少年都具有一定的判别是非的能力和自我评价的能力。他们对自己因不能控制而犯下的过错是有所知觉的。有的学生做错了事之后，由于紧张、恐惧，害怕爸爸妈妈、老师等成人与长辈的训斥、打骂，就开始撒谎。上文在"问题现象"中介绍的小A打碎了教室的玻璃，却不敢承认，目的之一是为了逃避责任。从某种程度上来说，这类谎言是被成人"逼"出来的。孩子并非生来就会撒谎，但是，当发现自己的诚实引来大人的不满甚至责罚时，他们就开始学着说谎，想方设法来掩盖事实的真相。特别是在初次尝到"说谎"的甜头之后，往往一发而不可收拾，久而久之，就会成为令人生厌的"说谎精"。

例如，一个习惯撒谎的学生在日记中写道："说老实话会倒霉的。记得有一次,我和同桌都忘记写作业了,为了能让老师原谅,我主动找老师承认错误,结果却被罚写三遍,可我的同桌却跟老师说他忘记带作业本了,老师也就算了,不再追问。后来,我当然不说实话了。"通常,犯了错误的学生,在过于严厉的教师或家长面前最容易说谎,特别是当学生积累了说实话被批评或被惩罚的经验之后(就像记日记的那个学生一样),更容易通过说谎的方式来逃避惩罚。或者,当学生意识到不隐瞒事实将得不到社会承认或老师与家长的表扬时,他们就可能采用说谎的办法。所以,当老师问"是不是你打碎了玻璃""是不是你撕坏了图书"时,学生就会说谎,或推到别人身上,以此来逃避现实。

3.为了维护自尊、追求虚荣而说谎

有些中小学生说谎是为了使自己在与他人的交往中处于较为有利的地位或维护自己的自尊心。每个人都有自尊心,都有被他人尊重的需要。然而,自尊同其他任何事物一样,都有一个"度"的问题。过度自尊不仅影响自身身心健康,不利于人际交往,而且有时会使人变得不诚实,产生撒谎现象。这种过度的自尊实际上也就是一种虚荣。在生活中,我们会看到,有的学生为了得到老师的表扬,或者为了在同学面前显示自己的能力而说谎。上文案例中介绍的小 C 和小 D 就是为了维护自尊、追求虚荣而说谎。小 C 在物理课上,他抄了别人做出的一道题,却说是自己首先做出来的,其主要目的是为了博得老师和同学的赞扬,只可惜他不是凭自己的真本事,而是靠撒谎;小 D 看着同学介绍亲戚从国外寄来的礼物,有些嫉妒,出于虚荣心,只好"编造"一个非常富有的亲戚向同伴吹嘘,由此掩饰和克制自己的愿望,并想通过说谎提高自己在同伴心目中的地位。

4.为了引起他人的注意或实现自己的愿望而说谎

有些中小学生会运用说谎的手段引起他人的注意,从而"体现"自我存在价值,显示自己的能力。例如,当听到同学说看见前一天发生在路边的火灾时,有的同学就会在同学面前活灵活现地说自己以前看见过的森林火灾,而这似乎是亲身经历过的惊险事情,实际上是他临时编造的,只为"一鸣惊人"。学生的这类说谎往往并不具有某种实质意义的企图,主要是受家长或同学对别人讲假话、吹大牛的潜移默化的影响。另外,有的学生说谎是为了实现自己的愿望。例如,为了看电视他会跟家长说,自己已经完成了作业,或者说老师没有留作业。又如,为了周末能跟同学一起出去郊游,会跟家长说老师组织实践活动等。学生的这类撒谎通常是由于家长或教师管教过于严厉,忽视满足孩子正当合理的需求,或受伙伴中撒谎成功的经验影响造成的。

5.为了打击报复他人而说谎

为了得到教师和同学的同情与支持,借他人之手惩治对方,以满足自己内心的报复欲望,有些中小学生会颠倒是非,混淆黑白,而产生一种报复性说谎。这类说谎大多数是由于他们自己无力与对手直接抗衡,企图通过第三者的力量打击和惩治对手,以实现自己的报复需求,维持心理平衡。例如,本来是自己先动手打人,在吃亏后却在老师面前说对方先打了他,指望老师去惩治对手等。这种现象在比较吃亏的一方身上表现得尤其明显。

6.为了反抗叛逆而说谎

为了抗拒外来的以势压人,发泄内心的不满,有的学生也会说谎。例如,对于教师或家长禁止他们做某件事感到不满时,有的学生就故意说自己已经做了那件事,有意与教师或家长的要求背道而驰,让教师或家长生气。学生的这类说谎行为主要是由于教师或家长对于进入青春逆反期的学生管教过于严厉,或由于处理问题的方法不当,从而使学生产生对立情绪而造成的。例如,有的同学明明没有去网吧上网,在老师的审问与怀疑下,却故意说自己也和同学去网吧上网了,以使老师对自己产生失望之情和气愤。又如,由于对继母不接受,有的孩子明明自己考试成绩不错,却跟继母说自己考试不及格,故意使对方生气。

7.为了捉弄戏谑而说谎

有的学生撒谎只是为了捉弄别人,从中得到畸形的快乐。经典寓言故事"狼来了"中的放羊娃就是由于每日放羊感觉无聊,想以撒谎的方式捉弄村民,从中取乐,结果失去了村民的信任,狼真来了的时候,却没人救他。历史上"烽火戏诸侯"的典故,也可以算是一种捉弄戏谑式的撒谎,由于其与学生说谎的性质不同,结果更惨。在现实生活中,也不乏这种目的的撒谎形式。例如,有的学生为了看同学紧张甚至痛哭流涕的样子,会向他人说"你的亲人出事了"之类的谎言,由此获得畸形的乐趣。

二、外部原因

1.不良的家庭教育

我们都知道,人的教育是一项系统的教育工程,这里包含着家庭教育、集体(幼儿园、学校)教育和社会教育,三者相互关联且有机地结合在一起,相互影响、相互作用、相互制约。在这项系统工程之中,家庭教育是一切教育的基础。

在北京召开的全国双合格家庭教育报告团成立暨首场报告会上,全国家庭教育先进个人、浙江省杭州市教育科学研究所副所长韩似萍指出,"素质教育要在学校讲,更要在家庭讲。家庭教育与学校教育同等重要"。同时,她强调:"在一个问题孩子的背后,往往有一个问题家长。很多家庭教育有问题,根源就出在家长身上。家长消极的社会价值观、不良情绪和相关知识的缺乏都会制约孩子的健康发展。"同样在该场报告会上,北京师范大学副校长、中国家庭教育学会副会长董奇呼吁,家庭教育不仅涉及两三亿儿童,它还影响到整个家庭、整个社会。

不良的家庭教育是学生形成撒谎问题的主要原因之一。青少年诚实品质的形成离不开成人的言传身教,仅靠言语说教是难以形成的。首先,家长的不诚实行为会影响孩子诚实品质的形成。在生活中,父母总会有意或无意地在孩子面前撒谎,或者不能兑现为孩子许下的诺言。我们会经常看到这样的场景:孩子到防疫站打针时,父母会骗他们说打针不疼;有朋友来电话时,父母如果不愿意接电话,会让孩子告诉对方自己不在家;孩子不听话时,父母会告诉孩子如果安静下来就给买礼物,孩子做到了,父母却不付诸实践。殊不知,父母在青少年心目中的形象是高大而完美的,其不诚实行为带来的负面效应往往是他们所难料及的。

教育心理学研究表明,青少年的不诚实行为大多是由不成熟的教育影响造成的。其中,父母教育方法不当,是孩子撒谎的原因之一。通常,父母不当的行为模式可以诱发孩子的说谎动机。比如,当小孩子间相互打架时,父母直接问孩子"是不是他先打的你",或者孩子不愿去上学时,家长可能会焦急地问孩子"是不是不舒服",这些带有倾向性的问话,往往会使青少年,尤其是低年级的学生,为了某种理由或达到自己的目的而产生说谎的动机。此外,如果父母对孩子的需要和自尊采取过分专断的方法,对孩子的某些不适当行为横加责骂或滥施惩罚,孩子就会本能地通过撒谎来进行自我保护,借以逃避惩罚。例如,有的家长对孩子的学习成绩要求十分苛刻,一定要达到规定的高分,否则便会惩罚孩子。然而,学生的成绩受多方面因素影响,一旦某次测验或考试的成绩没有达到父母的要求,为了免遭皮肉之苦,在不得已的情况下,孩子就只好靠说谎来"蒙混"过关。久而久之,孩子便形成了撒谎的习惯。

2.不当的学校教育

良好的教育可以使人向善,不良的教育则可能会使人向恶。可以说,在学校教育中,教师与学生间缺乏民主、信任与沟通,是造成青少年与儿童撒谎的又一个重要原因。

首先,在学校教育中,如果教师对学生过于严厉,缺乏民主,甚至不尊重学生,容易导致学生产生说谎的行为。我们知道,每个学生都是一个独立的个体,处于中小学阶段的学生同样如此,尤其是当他们逐步迈入青春期时,面临与监护人、教育者关系的重建时期,他们渴望摆脱监护、管理的束缚,而逐渐形成独立人格。当这些处于"心理断乳期"与"第二反抗期"的青少年出现一些并非故意的或偶然的过失行为时,倘若老师缺乏与学生之间的有效沟通,一味地"管、卡、压",那么学生就极易与老师产生冲突,并出现撒谎的现象。比如,有的老师在学生没有及时完成作业,或者不小心损坏了学校的公用设施等情况下,如果仍然采取"严师才能出高徒"的教育准则,对学生加以训斥,那么就可能会促使学生以撒谎的方式来逃避责任,保护自己,或者与教师产生对立情绪,以说谎的方式"对付"教师。

其次,在学校教育中,如果教师对学生的说谎行为毫不在意或者没有采取积极的方法去教育引导,也会纵容说谎的学生甚至其同伴在以后产生说谎的动机。尤其是当学生间接看到或者直接尝到说谎的好处之后,今后在相似情境下就可能会说谎。让我们再来看一下前一部分所举的例子:两位同学都忘记了写作业,说真话的同学遭到老师的批评与惩罚,说假话的同学却可以安然无恙,这样做的结果是,两位同学以后遇到类似的事情都可能会撒谎,因为前者得到了间接的撒谎经验,后者得到了成功的撒谎经验。这也告诫我们,尤其是教师和成人千万不能让说谎的孩子因为说谎而得到"好处"或"利益"。要做到这一点,教师就要有敏锐的洞察力和高度的责任心,该严则严,该宽则宽,善待每一个学生,对每一个学生负责。此外,在学校教育中,教师或学校的一些不诚信行为也会对学生产生不良影响。

3.社会环境中不良信息的影响

学生存在说谎的不良行为,在外因方面,除了不良的家庭教育和不当的学校教育之外,还受社会环境中不良信息的影响。当今社会是一种信息化的社会,生活于其中的青少年可谓无时无刻不在接受来自社会方方面面的信息的影响,这些信息往往是良莠不齐的。由于青少年缺乏一定的判别是非的能力,加之容易受好奇心的驱使,他们往往很容易接受一些不良信息的影响,甚至有些青少年不以说谎为耻,反以说谎为荣,这些方面的问题也是不容忽视的。

【方法指导】

说谎是一种从儿童开始并有可能延续至成人的一种不良习惯。培养学生诚实的品质,纠正学生的说谎行为,是进行道德品质教育的一个重要方面,也是学校和家庭教育中的重要内容。

一、基本要求

1.对待说谎者要宽容冷静

教师面对说谎的学生要宽容。这里的宽容是建立在尊重学生的基础之上的。人非圣贤,孰能无过。当发现学生有说谎的问题时,教师不能因为这个问题就全盘否定某个学生。同时,教师面对说谎的学生还应冷静,采取理智和巧妙的做法,千万不能不分场合、时间、地点地呵斥、谩骂,甚至责罚学生,这样很容易让孩子产生逆反心理和自卑心理,也非常容易伤害说谎者的自尊心。

只有做到宽容和冷静,才能让说谎者消除心中的疑虑,放下包袱,信赖教师,由此才利于教师耐心询问事情发生与发展的详细经过,进而有的放矢地与学生进行沟通,使学生在教师面前坦然陈述,真情道白。同时,在教育学生的过程中,教师也与学生建立起更加和谐的师生关系。当然,这种师生关系的建立并不是一朝一夕的事,需要不断努力。

2.对待说谎行为要严肃认真

如果发现学生有说谎现象,我们不主张教师过分严厉地指责和惩罚学生,而是要怀着一颗宽容的心去对待学生。但这并不是说教师要迁就学生,也不是说教师可以熟视无睹,毫不在乎,把说谎的事情看得很轻。相反,教师对说谎的行为要严肃对待,要给予适当的批评教育。因为,我们的教育者应该是立场鲜明的价值判断者,该提倡的坚决提倡,该反对的坚决反对,绝不能以己昏昏使人昭昭。面对学生的说谎行为,教师必须以恰当的方式告诉学生明辨是非的标准与尺度,要使学生认识到说谎的危害和诚实做人的重要性,主动改正说谎的问题。

从这个角度来讲,教师要严肃对待说谎者的每一次说谎,更要严肃对待说谎者的第一次说谎,只有如此,才能采取恰当的方式、方法对说谎者进行教育与引导,从而减少其说谎的次数,矫正其说谎的不良习惯。在实践中,有的教师善做有心人,能发现某些学生的说谎苗头并及时采取措施加以诱导,这一点更值得提倡。

3.切忌让说谎者因说谎而获得好处

分析学生说谎的主观原因,我们会发现,许多时候学生撒谎是为了从中获得好处。例如,通过说谎逃避惩罚,获得老师的表扬,赢得同学们的羡慕,报复同学,给自己出气等。如果说谎者在说谎的过程中,能够侥幸过关,即骗过同学、家长和教师,达到说谎的目的,尝到说谎的"甜头",就会强化其不良行为,说谎者说谎的胆子就会越来越大,说谎的水平也会越来越高,甚至等到出现恶劣的影响和后果,才深感后悔,但为时已晚。从育人的角度讲,这种现象是我们不希望看到的,也是我们应该竭力避免的。因此,教师在对说谎者进行教育辅导的过程中,一定要使说谎者放弃因说谎而直接或间接获得的好处。同时,这也从另一个角度要求教师必须认真对待每一个学生的说谎行为,如果因为某些原因对某个学生的说谎行为不进行干预,很可能就给别的同学树立了说谎的榜样。

二、主要方法

这里介绍几种常用方法,需要说明的是,这些方法并非是孤立的,实践中若能结合具体情况灵活应用,效果会更好。

1.多种方式讲道理——让说谎者牢记说谎的危害

对学生进行品德问题的教育，原则之一是"知行统一"。要做到这一点，就要求教师为学生摆事实，讲道理，疏通思想。处理学生的说谎问题也应如此。那么，教师应当向学生"讲"哪些道理呢？

首先，教师要根据不同年龄学生的身心发展水平和具体情况，采取通过谈话引导或讲故事等多种方式，帮助学生分析说谎的原因以及说谎可能导致的后果和产生的危害，使学生提高思想认识，知道说谎害人害己，是不良的行为。对别人来说，说谎会欺骗别人，甚至给他人造成不同程度的伤害；对自己来说，养成说谎的习惯之后，将会失去他人对自己的信任。寓言故事"狼来了"就很经典。这类经典故事可以在合适的时候讲给学生。此外，要结合学生在学习生活中遇到的同类事情，包括说谎者刚经历过的事情进行分析判断，使学生牢固树立说谎有害和说谎可耻的观点，并逐步提高其远离说谎、诚实做人的自觉性。

其次，教师要为学生创设安全和宽松的环境，让学生感觉到：做诚实的孩子，勇于坦然承认自己的错误，是值得表扬的行为。

再次，要让学生明白：每个人都有优点，青少年在成长的过程中，难免会犯一些错误（如说谎），存在或出现说谎问题并不是说自己一无是处，但只要勇于改正说谎的问题，就可以得到别人的原谅和尊重。

只有当学生明白这些道理，他们才能认识到自己的问题，才能有勇气向教师或成人说真话，讲出撒谎的原因，承认存在的问题，进而心悦诚服地改正。也只有如此，教师才能找到学生撒谎的真正原因，采取恰当的方法与措施，引导学生解决问题。

2.善用惩罚与强化——惩罚说谎行为，强化诚信行为

一般来说，教师对于说谎学生要区别对待，即将有意说谎与无意说谎区别开来，并且对于那些出现无意说谎、初次说谎或后果较轻的说谎者，要进行耐心的说服教育；对于习惯说谎、有意说谎或后果较重的说谎

者,必须采取针对性较强的教育方式。在教育方法上,应以表扬为主,批评为辅。同时,要结合具体情况,善于运用惩罚和强化这两种方法。

一般来讲,为了让有意说谎或有着顽固说谎习惯的学生不能得到说谎行为所带来的好处,同时要知道说谎会给自己带来坏处,要减少以后说谎的概率,教师可以考虑采用惩罚的方法。

惩罚是指当有机体做出某种反应以后,呈现一个厌恶刺激或不愉快刺激,以消除或抑制此类反应的过程。强化有正强化(积极强化、阳性强化、给予奖励)与负强化(消极强化、阴性强化、撤销惩罚)之分。惩罚与消极强化有所不同,消极强化是通过讨厌刺激的排除来增加反应在将来发生的概率,而惩罚则是通过厌恶刺激的呈现来降低反应在将来发生的概率。惩罚并不能使行为发生永久性的改变,只能暂时抑制行为,而不能根除行为。惩罚一种不良行为应与强化一种良好行为结合起来,方能取得预期的效果。虽然惩罚有削弱学习动机的作用,但有时也可使一个人在失败中重新振作起来。

台湾学者林正文认为,对儿童较适用的惩罚种类主要有:给予脸色、批评、警告、叱责、罚劳役和体罚,其中的体罚主要指自然惩罚(如儿童玩弄火柴受到火伤)和惩罚的威胁(如偷窃有进监狱的威胁)。根据具体情况,教师面对说谎的学生可以采用相关的方式对学生进行惩罚。例如,批评说谎的学生:借着向学生分析说谎行为的机会,教师要让学生知道自己存在的问题,同时要知道老师和家长对他的期望等。又如,对说谎的学生罚劳役:当学生没有完成作业却向老师说谎时,可以适当地罚学生把作业补完整,而且要多写一些;当学生没有参加值日却谎称参加了值日活动时,可以罚学生比平时多做一些劳动。在许多时候,惩罚虽然可以很快消除不良行为,但是仍然会产生一些负面作用,如激起学生情绪行为(产生"恨"的心理、寻找更"高明"的撒谎方式)、形成习惯、拉远双方的距离等,而且缺乏积极意义,即只是告诉说谎者不要做什么,并没有告诉说谎者应该做什么和怎么做。因此,选择惩罚的方式要谨慎,同时要善于运用强化的方法,告诉说谎的学生应该怎样做诚信的人。

在对说谎学生进行辅导的过程中,教师要善于发现说谎者的诚实行为,一旦发现其出现诚实的行为,就应该给予表扬或奖励;此外,要随时发现说谎者的进步,并给予强化。唯有如此,才利于说谎者减少说谎行为,增加诚信的行为,进而养成诚实的品质。比如,某小学生在行为辅导之初,平均每天都会被同伴报告一次说谎行为,因此,教师与学生约定,当该生在一天之内没有被同伴报告说谎行为时,教师就给予奖励;当该生连续几天都做到之后,教师把目标定为连续两天没有被同伴报告说谎行为时给予表扬和奖励;如此下去,教师把目标定为连续一周、两周、三周、四周没有被同伴报告说谎行为时给予表扬和奖励。最后这个说谎学生的行为终于得到改善。在这里,教师采用渐进的方式,分阶段逐步要求学生递减说谎这一行为的发生次数,最后减少到可以接受或完全没有。这种策略可以叫作区别强化法。区别强化主要是指个体在某特定时间内,目标行为次数减少时,才能获得强化,最终使目标行为不出现或出现次数为人所接受的范围。使用这种辅导方法要注意:选择适宜的标准;强化物要专一;耐心等待,坚持下去,才能有所收获。一般来说,区别强化所要改善的不良行为次数出现较多,已经成为习惯,因此需要采用渐进方式,逐步要求学生递减不良行为的次数。教师必须要有耐心,并坚持下去,"冰冻三尺,非一日之寒",希望学生马上改掉这类坏习惯是不切实际的。有了这样的思想准备,才能看见学生一点一滴的进步,才能坚持到底,有所收获。

3.找寻适当的行为——替代说谎者的说谎行为

有些学生说谎是因为他们想不出其他可以实现其目标的方式。例如,为了让父母陪着自己,有的孩子会向父母撒谎说自己头痛;为了避免教师的责罚,有的学生本来没有完成作业,却跟老师说忘记带家庭作业本了;为了能准时看上自己喜欢的动画片,有的孩子谎称已经完成作业;为了能受到老师的表扬,有的学生在抄完同学的答案之后,谎称自己早已解答出了某某问题;为了报复比自己优秀的同学,有的学生会不诚实地向老师报告同伴犯了某某错误……这些现象都表明,有时候学生撒谎是因为自己没有找到更合适的实现目标的方式。因此,在对这类学生进行教育辅导时,教师不但要教给学生判断是非的标准,解决撒谎的问题,还要引导学生采用适当的方式方法实现自己的合理目标。

例如,告诉学生与父母真情沟通,或者必要时教师帮助学生与家长沟通,使家长理解孩子的合理需要,进而抽出一些时间陪伴孩子;告诉学生向老师承认错误,以后保证认真完成作业,并请家长监督;告诉学生与父母商量看电视的时间,不向父母提过分的要求;告诉学生应该努力学习,以自己的实力争取取得好成绩,赢得教师和同学们的赞许;让学生了解"多元智能"理论,懂得人人都有自己的智能优势与劣势,既要善于看到和接纳同伴的优势与特长,也要善于发现和发展自己的优势与特长,同时要以互相学习、互相促进的态度与同伴相处。

虽然有的学生对这些适当的方式与方法接受起来需要一个过程,甚至在短时间内不能做到,但教师还是要在这个方面努力引导和实践。另外,要找到合适的替代方法,教师必须调查了解清楚学生说谎的真正原因。有些教师在实践中还总结出了一些经验,如对说谎的学生进行单独辅导、请学生以口头或书面的形式完成相关的表格(如下表),然后,教师向学生反馈哪些做法是可行的,哪些做法是不合适的,并鼓励学生把适当替代性行为运用到生活中去。相比之下,这种方法不但可以教给学生判断是非的标准,还可以教给学生面对一些问题时的具体做法,值得提倡。

辅导表格：寻找合适的方法

情景	说谎对象与内容	目的	合适的方法		
			方法一	方法二	方法三
1					
2					

4.与家长沟通合作——为孩子树立诚信的榜样

我们知道,教师与家长若缺乏沟通,会导致学生产生一些说谎的现象。例如,教师发现一位学生近来上学经常迟到,问其原因,她说父亲出差,奶奶身体不好,她每天要自己做早饭,而且吃完早饭后还要喂奶奶吃饭,所以迟到了,老师信以为真;后来班主任家访时才发现,事实并非如此,迟到是由于该生上学路上开了一家批发市场,这个学生每天都要去市场转悠,所以迟到了。在老师和家长的共同配合下,这个孩子承认了自己所犯的错误,并由家长接送了一段时间,迟到问题得以解决。现实生活中,我们也看到,有些学生说谎的"本领"是直接从父母那里学来的,由于父母缺乏诚信,孩子也跟着说谎。

由此可见,培养学生诚实的品质,防止学生产生说谎等不良行为,就要加强学校与家庭的紧密联系与沟通。此外,还要求家长必须为孩子树立诚信的榜样。因为,家长在孩子面前说谎,不但会给孩子树立反面的榜样,还会失去孩子对父母的信任,不利于日后对孩子的教育。所以,无论是在平日,还是在孩子撒谎之后的教育过程中,家长都应该说到做到,而不能言行不一。例如,如果父母答应孩子去郊游,或者答应孩子每天可以看半个小时的电视节目,就要"言必行,行必果"。当然,做不到的事情,不要随便给孩子许诺。只有如此,才能为孩子树立诚信的榜样。

有这样一个例子,在德国一个小城的路口有一块牌子,上面写着:"为了孩子请不要闯红灯!"据说,自从立了这块牌子后,闯红灯的行人和车辆明显减少。因为家长带头为孩子做出遵守交通规则的好样子,孩子自然也会这样做,不去闯红灯。这个故事告诫我们所有的父母与成人:为了孩子请不要撒谎!

历史上"曾子杀猪"的故事也告诉我们:不论孩子大小,父母都不能哄骗,在孩子面前要言行一致,说到做到,才能赢得孩子的信赖。事实上,虽然曾子的做法遭到一些人的嘲笑,但是他却教育出了诚实守信的孩子。他的人品值得今日的父母学习。教师如果在教育学生的过程中,发现学生的撒谎行为与父母的言行不一致或不恰当的教育方法有关系,就应该主动与家长沟通,争取家长配合(耐心诚恳地与家长谈话,甚至改变其不恰当的教育方法),一起制定教育孩子的方案,帮助孩子走出误区。

【经验共享】

如何营造诚实守信的宽松环境

【浙江省衢州市第一中学】谌涛老师的经验

在班级管理中,学生说谎往往与其违纪行为联系在一起,笔者在班级管理中倡导违纪后主动承认错误。对于情节较为轻微的违纪行为,犯错误后主动承认错误,并保证以后不再重犯的学生,班主任不予批评,不追究,不处罚,视同没有违反纪律。

对于违纪情节较为严重、达到学校警告以上处分的违纪行为,学生主动承认错误,班主任首先对于其主动承认错误的行为予以肯定,再予以减轻处罚。学生的违纪行为有许多是能够自我矫正的,主动承认错误是一个自我反省的过程,这一做法也为学生讲诚信营造了较为宽松的环境,让说谎的学生能切切实实感受到诚实守信的好处,并能提高学生改正错误的自觉性和积极性。

对于极少数利用这一政策的空隙、经常性违反纪律而又主动承认错误,从而陷入"违反纪律——承认错误——免予处罚——再违反纪律"怪圈的学生,一旦出现上述现象,班主任可以个别告诉他,这一政策对他不再适用。因为这属于个别现象,不会影响诚实守信的宽松环境。

如何视具体情况对待不同的学生

【浙江省衢州市第一中学】谌涛老师的经验

对于不主动承认错误、违纪后说谎掩盖的学生,班主任即使有确切的证据证明学生在说谎,也不妨先相信学生所说的是"真话",并按照其所说的"真话"进行处理。过一段时间看学生的表现,如果违纪行为已经改正,班主任就可以不再提及这件事,因为学生已经意识到所犯错误,并能够自行改正;如果一段时间以后学生的违纪情况没有改观,还以为说谎可以掩盖自己所犯的错误,这种情况就比较严重,班主任就有必要与其谈话了。谈话要在和谐平等的氛围中进行,要使学生明白,上次处理他违纪的时候他说谎了,并且班主任当时就已经知道,之所以当时没有指出来,是考虑到他的自尊心,并且相信他已经认识到自己的错误,并能自觉改正。他有成为优秀学生的强烈愿望,但这种愿望不是靠说谎就能实现的,这种信任现在并没有减少,但他必须为自己的说谎违纪行为承担责任。听到这些,学生就容易从心里理解和接受班主任对于其说谎违纪问题的批评或处罚,批评或处罚的实效性就更强了。

如何指导家长教育孩子诚实守信

【新疆石河子下野地高级中学】全文奎老师的经验

(1)如果孩子是第一次说谎,请家长当作一件大事来处理,要给孩子分析说谎的危害,指出问题的严重性。(2)对于那些经常说谎的孩子,请家长认真分析其说谎的原因,摸清其说谎的规律,不要轻信孩子的话,发现是谎言,应及时揭穿,让孩子知道说谎是骗不了家长的。否则,孩子就会觉得家长是"好骗的",胆子越来越大,谎话也越说越多,越编越像。(3)家长对孩子的要求不要过分苛刻,要适合孩子的具体情况与心理特点。孩子能做到的,就鼓励其做到,孩子一时做不好,也不要施加压力,应当鼓励孩子继续努力。(4)请家长鼓励孩子知错就改,让孩子知道说谎是一种不好的品质,是不诚实的表现,做人要诚实,有错就改,改了仍旧是好孩子。(5)请家长自己为孩子树立诚实的榜样。(6)请家长营造民主和谐的家庭气氛,让孩子敢于说实话。即使孩子做错了事,只要他认错了,就不应再责怪,要给孩子改正错误的机会。(7)请家长留意孩子情绪、思想上的变化,多多询问孩子的生活情况,防止孩子交上坏朋友。

如何进行诚信教育

【浙江省衢州市第一中学】谌涛老师的经验

在班级中每月评选"诚信之星",并给予公开表彰,并向获得此荣誉的学生家里寄喜报;在学生期中和期末的评价中,将诚信这一优点予以特别强调,这样做能在班级中起到良好的导向作用。此举能使学生真正感受到这种荣誉的价值,从而形成成就动机。此外,利用班级团队活动的时间,开展以诚信为主题的班会,在班主任的引导下,让大家参与讨论,发表意见,让学生在思维的碰撞中,明白诚信的重要性和说谎的弊端。

第四节 不讲公德的问题与教育

【问题现象】

公德是在个人利益基础上形成的对社会共同利益的自觉遵守和维护。社会公德是公民道德建设的主要内容之一,是全体公民在社会交往和公共生活中应该遵守的行为准则,涵盖了人与人、人与社会、人与自然之间的关系。公德意识则主要表现为对体现社会共同利益的社会公共事物的关注与参与。它主要包括以下三个方面的内容：一是主人翁意识。意识到自己是社会的主人，积极参与一些社会的公共事务，关心社会的公共利益。二是平等意识。在公共领域中，每个人作为社会公民，在地位上是平等的，不应以角色、财富来区分人。三是权利和义务意识。在公共的生活中，每个人作为社会的一员，在享有社会基本权利的同时，有责任承担基本的义务，自觉遵守社会的基本规范。社会公德在维护公共利益、公共秩序、保持社会稳定方面起了突出的作用，成为公民个人道德修养和社会文明程度的重要表现。对于青少年来讲，具有良好的社会公德是其品德修养的重要组成部分。据《校长阅刊》2006年第8期报道，美国青少年品德教育权威研究机构重视品质同盟会，提出了构成青少年"道德品质"的六大支柱理论，即公德、信赖、敬重、责任、公平和关怀。

尽管社会公德如此重要，但是，在现实生活中，我们总能发现，有些青少年或多或少地存在一些缺乏社会公德的现象，主要原因是什么呢？

一、不讲公德的原因

1.内因

一般认为，青少年学生之所以出现一些不讲公德的行为，原因较多，包括个人、家庭、学校、社会等因素。从个人的角度来看，这个阶段的学生遵守社会规范的意识薄弱，自控能力差，遇事有强烈的好奇心，喜欢模仿，有时也与其逆反心理有关系。从维护公德责任心的角度来看，有的学生对维护社会公德的责任心往往只停留在认识和表态上，而没有形成一种自觉的行为；或者认为不讲社会公德是小事，或者即使对不讲公德的行为感到愤慨，但为了少惹事，也会装作视而不见。

在这里介绍几个相关研究，供大家参考。

由于青少年缺乏足够的是非判断能力，其道德意志力也有限，因此，即使他们知道"应该怎样做"、"不应该怎样做"，在现实生活中仍然会出现一些不道德的行为。尤其是在得到同伴的"支持",或出于同伴压力及从众心理,也会做出一些不讲公德的事情。华中师范大学教科院王强、柳静两位研究者曾就不良同伴关系对青少年行为问题的影响进行了研究。他们指出,同伴支持是导致青少年行为问题的决定性因素。许多研究也表明,青少年的犯罪行为通常是群体性的。在犯罪团伙中,反社会行为是传递越轨信息的自我表现,这种表现受到具有类似问题的同伴的赞赏和支持。另外,王强、柳静还指出,从众或同伴压力也会使青少年产生行为问题。从众是指个人的观点和行为由于群体的引导或压力而向着与多数人相一致的方向变化的现象。在同伴团体中,随着个体对伙伴关系的依赖程度的加强,同伴之间会建立起各种利害关系。为了保护这种关系,个体倾向于使自己的行为朝着与团体一致的方向发展。同伴间正常的从众现象有利于青少年个体社会化的发展,有利于其价值观、世界观的确立。但是,由于青少年思维的片面性和表面性依然存在,对一些问题行为缺乏正确判断,这就容易使个体在同伴压力下出现一些不良的行为。生活中我们也会发现,通常,一个学生想攀树折枝,一般会问问同伴的意见。如果得到同伴的支持,他就会采取行动;如果受到同伴的反对,他可能就会放弃。在郊游活动中,如果几个同伴将瓜子皮随地乱扔,本来不想随地乱扔的同学也可能会从众。

南京师范大学品德教育研究所的乔建中、吴蓉同志在对中学生公德行为的主要影响因素及其动机基础的调查研究(2003)中,以南京、无锡、淮阴地区高二和初二的1201名学生为对象,其中高二学生493名(男247、女246)、初二学生708名(男340、女368),按照交往公德、场所公德、环境公德三种公德类型和公德行为、非公德行为两种行为类型的结合,设计社会公德行为情境。其中,交往公德情境以"车上(是否)让座"为代表,场所公德情境以"十字路口(是否)闯红灯"和"排队时(是否)插队"为代表,环境公德情境以"(是否)随地扔废弃物"为代表,共设计了8种社会公德行为情境。研究者以管理威慑、他人诱发、环境特征、当时需要、担心舆论五个常见原因作为归因变量指标,请被试者以第三者或旁观者的角度,对问卷情境中(非)公德行为者的行为原因进行分析。这项研究发现:从总体来看,中学生公德行为和非公德行为的产生,主要受管理威慑和他人诱发的影响,即当时有没有管理者或执法者在场,以及周围的人如何做,是公德行为是否产生的主要影响因素。研究者举例说,就问卷中的场所公德情境而言,中学生是否闯红灯,主要取决于是否有警察在场以及周围是否有人先闯。这说明,中学生的公德水平普遍处于他律水平,在行为时主要考虑的不是自己的行为是否道德,而更多考虑是否会受惩罚以及责任是否可以分散,其次是环境特征和当时需要的影响,如就上述场所公德情境而言,中学生是否闯红灯,也在一定程度上取决于十字路口车辆是否较多以及自己是否有急事。另外,关于环境公德情境中的中学生是否随地扔废弃物,更是受当时的环境特征影响,即如果环境本身就不干净,他们会更"心安理得"地随地扔废弃物。相比较而言,担心舆论对(非)公德行为的制约影响最小。这一方面说明中学生的公德自觉性水平不高;另一方面说明,在社会生活中,他们对他人的行为是否符合社会公德反应淡漠,即使对于非公德行为感到气愤,但是站出来予以指责的人也并不多,以至个体在做时不太在乎周围人会有什么反应。

2.外因

(1)家庭教育的缺憾

其一,家庭教育观念有偏颇。有的家长社会责任感淡化,遇事以自我为中心,对自己、对家庭有利的事就做,无利的事就不做,而且还会教育孩子"多一事不如少一事",影响孩子的公德心。许多家长对孩子的良好品德培养关心较少,反而将"功成名就"作为培养孩子的首要任务。华中理工大学的赵频、赵芬老师认为,在我国,父母竭尽全力为下一代付出,功成名就者仍愿子女高己一筹,不惜以自己作铺垫,把精力、资本过多地支付给子女;一事无成者更企望孩子出人头地,过早地放弃自我价值实现。这种自我下移的人生观,不但不能给孩子带来奋进的动力,反而给孩子做出了放弃自身努力的范例。而且,在这种价值观与"压力"之下,有些孩子便时时处处以"学习"为借口,以"学习"为中心,更加不注重自身的道德修养。在这种观念的作用下,家长便忽视了对孩子社会公德的培养。

其二,有的家长自身素质有限,在行为上不能给孩子做出遵守社会公德的榜样,在生活中不会用恰当的方法对孩子进行社会公德教育。有的家长对孩子的品德教育仅局限于孩子不打架、不骂人,不给家长惹事;还有的家长对孩子不爱惜公共财物、不遵守公共秩序等不良行为视而不见,因为家长自己本身在这些方面就做得不好。例如,本章"问题现象"中的小 A 和小 C,一个在午休时间干扰邻居休息,一个在排队时插队,都和家长的错误引导与不当教育有关系。长此以往,孩子只会越来越不懂事。

(2)学校教育不当

其一,忽视公德教育。尽管素质教育在不断推进,但是,仍有一些学校尚未彻底改变以分数为核心的应试教育观念。在智育与其他各育关系的处理上,学校片面地追求升学率,学生片面地追求学习成绩,致使品德教育被忽视。即使在素质教育推进得比较好的学校,也有一些教师存在忽视对学生进行品德教育的现象,如对学生中出现的一些随地吐痰、不排队、不爱护环境卫生、浪费资源等现象没有足够重视。

其二,公德教育方法陈旧,过程简单。在品德教育目标上,不注重培养学生的道德判断和选择能力,而且重知轻行。在品德教育方法上,仍有部分教师把学生单纯地视为道德规范的被动接受者,经常采用灌输、说教的方法,重道德观念和道德规范的灌输,忽视公德意识的培养和公德行为的养成。部分学校的品德教育工作也常常采用"运动式"的教育方式,而没有切实地考虑到学生的年龄特征、具体情况以及当今的时代特征(如信息交流广泛快捷、价值观念多样)等。在品德教育过程中,常常把"禁止"作为立足点,忽视学生的主体地位,比较重视道德的理想性和高层次的道德要求,忽视道德的现实性和低层次的公德要求;比较重视校内的行为规范教育,忽视品德教育工作的社会性与开放性;片面强调学生对于道德义务、责任的认同,忽视义务与权利的对等性。

(3)社会不良因素影响

其一,多种道德观念的并存与冲突。华中理工大学的赵频老师等曾经论述过这一问题,值得我们参考。一方面,传统伦理与现代伦理的并存与冲突。在传统社会中,儒家思想占有统治地位,传统的伦理道德要求人们遵循等级特权、循规蹈矩、人格依附的思想。改革开放后,随着社会化大生产的出现和社会主义市场经济体制的逐步建立,人们的道德价值观发生了深刻的变化,自立意识、竞争意识、效率意识、民主法制意识和开拓创新精神得到了增强,人的价值、尊严、自信成了价值信条。另一方面,在引进西方的资金、技术、设备与先进管理经验的过程中,西方的思想文化包括某些伦理道德观也片面地传播开来,而对西方伦理观的片面传播与误读、误导,为青少年的道德失范埋下隐患。

其二,不良现象的影响误导着中学生道德品质的发展方向。例如,生活中无视社会公德的现象比比皆是:公交车无人售票箱内的残币和假币、公共场所的脏乱吵、"到此一游"的字迹、生活小区和旅游景点到处可见的践踏草坪、乱折花木的现象……多得触目惊心。在青少年缺乏足够的道德判断能力、道德自律能力的情况下,面对不讲公德的场景、人群,他们很容易从众,从而放弃遵守社会公德的行为。

二、培养青少年遵守社会公德的重要意义

简单来说,教育青少年遵守社会公德,培养青少年遵守社会公德的行为利人、利己、利于社会。对于青少年自身来讲,遵守社会公德的人,个人修养较好,而修养好,周围的人就会喜欢他、尊敬他,其人际关系等方面也会比较好;由于能得到他人的赞扬与尊敬,青少年自身也会更加自信,更能体验到自尊、快乐、希望等积极的情感,心理会比较健康。对于他人来讲,如果青少年遵守社会公德,其周围的人会得到尊重,会受到很少的影响与干扰。对于社会来讲,如果青少年都能遵守社会公德,社会中的人际交往、社会秩序会更加有序,社会环境会更加优美,社会中的一些矛盾、冲突也会自然减少,整个社会会更加和谐。而且,朝气蓬勃、遵守社会公德的一代青少年还会影响其父母、长辈和周围的成年人,为良好的社会风气注入更多新鲜的空气。

更为重要的是,今日的青少年是明日的父母亲,只有青少年一代养成了良好的公德意识和公德行为,才能把下一代教育得更好。毋庸置疑,一个不遵守公共秩序、不保护公共环境、不爱护公共财物、不能正确处理人际关系,对他人、对集体缺乏责任感的人,不可能得到真正的幸福,更不可能担当起民族振兴与社会发展之重任。因此,不论是为了青少年自己,还是为了整个社会的稳定与发展,抑或是为了民族优良传统美德的传承,都应该而且必须重视公德教育,重视青少年公德意识与公德行为的培养。

【方法指导】

一、培养学生的道德判断能力与道德情感

在分析有些学生为什么不讲公德时,我们发现,缺乏道德判断能力、道德情感,对一些失德行为无动于衷,甚至持赞成态度是其中的原因之一。针对这一原因,教师应该加强对学生道德判断能力和道德情感的培

养。以下几种方法可供大家参考。

1.借价值澄清法培养学生道德的选择与判断能力

价值澄清理论(The Values Clarification)产生于 20 世纪 60 年代的美国,其主要代表人物是美国纽约大学教授路易斯·拉斯(Louise Raths)等人,其主要思想在拉斯与他人合著的《价值与教学》一书中有比较系统的表述。

拉斯等人提出了价值澄清的四大要素:其一是以生活为中心,主要解决生活中的问题。学生或许会集中注意他们的某些行为,或者是态度,或者是目标、兴趣、抱负、情感、烦恼;或许一开始就集中于一般的生活问题,尤其是经常使生活复杂化或使价值问题显得扑朔迷离的问题。其二是对现实的认可。当我们的意图是澄清价值时,我们必须不偏不倚地接受他人的立场,这种认可意味着帮助他人接受自我,互相开诚布公,不管他们的思想是多么混乱或消极。其三是鼓励进一步思考。价值澄清不能仅仅停留在认可水平上,而应鼓励学生进一步思考价值问题。其四是培养个人能力。学生不仅能深思熟虑地看待价值问题,而且能更好地选择、珍视和行动。

价值澄清理论在学校品德教育中的运用是通过许多具体的方法来进行的,如澄清应答法、价值表填写法、价值观延续讨论法等,所有这些价值澄清方法都要求包括三大阶段和七个具体步骤:

第一阶段是选择。选择包括三个步骤:一是自由选择,即在不受任何外力的控制和影响下,由学生完全自由地进行价值选择,个体越感到自己是主动且自由地选择价值,就越有可能觉得这一价值对他来说至关重要;二是从各种选择中进行选择,即在某一需要做出选择的情境中,向学生开放的可能选择越多,学生就越有可能发现自己完全珍视的事物;三是对一种可能选择的后果进行审慎思考后做出选择,即选择中蕴含着重要的认知因素,学生越是了解每一种选择所引起的后果,就越能做出更明智的选择。

第二阶段是珍视。珍视包括两个步骤:一是珍爱,即学生珍视的价值格调积极,学生尊重它、热爱它,对自己的价值观感到满意;二是确认,即当学生明智地思考各种可能的选择之后,自由地选择某一事物,并为之感到自豪,欣然赞同它们。

第三阶段是行动。行动主要包括两个步骤:一是根据选择行动,即学生拥有了某种价值观念,就会相信它应该体现于生活和行为的诸多方面,只空谈某事而不躬行实践,他所处理的一定不是价值而是别的事物;二是重复,即某一事物已达到价值层面,它很可能在许多场合影响持有该价值的学生的行为,会在不同的时候表现出不同的情景。

价值澄清法其实告诉我们:社会公德教育的内容要紧密结合学生的生活,注重体现生活化与具体化;在对学生进行公德教育的过程中,要改变简单的说教灌输的方法,注意给学生创设道德选择、判断的机会;要引导学生将道德情感与行为相结合,注重培养学生的社会责任感。

2.换位移情培养道德情感

我们在生活中发现,有些青少年出现了一些不讲公德的行为,但却不以为然,原因在于他们体会不到不讲公德的行为给他人带来的不便或者干扰。例如,午休时间,邻居们在睡觉,有的学生却在院子里大喊大叫、大吵大闹,玩游戏,对于这种行为给邻居尤其是爷爷奶奶们带来的影响,他们感觉不到。又如,有些学生嗑瓜子、吃零食,一路走一路吃,一路吃,一路扔垃圾,对于这种行为给路人、环卫工人带来的不便甚至安全隐患,他们没有考虑过;也有一些青少年家住高层楼房,倒垃圾懒得下楼,便从阳台往下扔,对于扔下去会产生的后果考虑得很少。对于这种情况,简单地进行价值判断并不能从内心里激起青少年对这些行为的厌恶、反感与批评。中国有句老话,叫"将心比心"。遇到类似的情况,教师在引导学生进行道德判断的过程中,要注意给学生创设情境,让学生尽可能地去移情换位,站在他人的角度考虑自己的行为是对还是错,是在帮助他人还是在影响与干扰他人。

从心理学上讲,移情(Empathy)是一种心理品质,指在觉察他人情绪反应时所体验到的与他人共有的情绪反应。目前,心理学家多把移情界定为一种替代性的情绪反应能力,是既能分享他人的情感、体察他人的处境,又能客观理解、分析他人情感的能力,是个体真实或想象中他人情绪状态引起的并与之相一致的情绪体验。移情是道德判断和道德推理的基础,移情水平的高低影响人们道德价值观的形成。移情体验产生后,人就能设身处地地为他人着想,不再只从自己的角度看问题,促使个体自发地、持续地去帮助他人,减轻他人的困苦,在帮助别人后获得幸福快乐。移情训练是一种旨在提高儿童善于体察他人的情绪、理解他人的情感从而在情感上与之产生共鸣的训练方法。在日常的学校品德教育工作中,对学生进行移情训练的方式一般有两种:一种是通过专门的活动进行训练;另一种是在日常的教学中进行渗透。移情训练的具体方法很多,如听故事、角色扮演、反思体验、艺术感染、分享体验、情绪追忆、情景讨论、换位思考、作品分析等。其中角色扮演法是常用的方法之一。

角色扮演(Role-Playing),即指个体按其特定的地位和所处的环境,遵循角色期望所表现出来的系列行为。角色扮演是一个综合学习的过程,是以社会为基础的一种模式,它的操作程序是:设置情境——扮演角色——讨论评价——总结经验。在"设置情境"的时候,注意情境要源于学生的生活,情境要具备可操作性,情节的冲突应该体现出道德的品质,可以引发学生思考。在"扮演角色"的环节中,要充分调动学生积极参与,无论是参与扮演角色的学生,还是观察者,要使他们能够意识到自己的情绪和感想,为下一步的讨论做好准备。同时,教师要注意引导小组和角色扮演者表达自己的看法和感受。如果需要,可以进行二次扮演或多个小组分别扮演。在"讨论评价"环节要注意引导学生对故事中人物的道德行为、道德动机和效果进行讨论和评价,并提出今后行为选择的建议。在"总结经验"环节上,教师要启发学生把问题情境与现实、经验和实际的问题联系起来,探索今后适当的处事方法和原则。在品德教育实践中,教师可以参照以上环节,结合实际问题,创设与社会公德有关的情境,展开对学生的教育。

二、实践中严格要求并配合奖励与惩罚

1.加强制度化管理与学校公德文化建设

北京师范大学哲学系研究生高山曾在《论社会公德意识现状及公德意识培养》一文中提出,以社会公德制度化作为培养人们公德意识的途径之一。社会公德制度化,就是指以制度的形式向人们明确什么是应该做的、什么是不该做的。使社会公德的一些基本规范变成具体的条文,如公共场所中的文明守则、社区的文明公约等,对于遵守这些规范的公民给予物质上的奖励或精神上的表扬。对于违反的则给予法律上的惩罚。在实践中,中华见义勇为基金会已于1993年在北京成立,专门表彰和奖励那些在与违法犯罪及灾害事故斗争中涌现出来的先进人物,同时也为见死不救的行为立法。通过这种制度化的形式,使人们时刻感到规范的外在压力,借助于利益杠杆,强烈刺激人们基于功利心、荣辱心、成就需求的悦赏畏罚心理。对市场经济体制建立的时间还很短的我国来说,这是很有效的。对大多数人来说,公德意识的形成都是首先通过这种他律的手段进行的。

至于学校,实际上在公德教育以及其他方面的品德教育做得比较好的学校,在"制度化"管理方面做得也是比较好的。许多学校都有具体的管理制度,结合学生行为规范,而且还配合了每日评比、每周评比、每月评比、学期评比等制度,由此评比出文明少年、文明班级、"十佳爱护公物学生"、"十佳保护环境学生"等,在竞赛评比中,评选出遵守社会公德的模范班级与个人,并对模范进行奖励表彰,同时对违反社会公德的行为予以适当的惩戒。需要注意的是,学校的制度不但要规定学生可以怎么做、不可以怎么做,还要规定做得好如何奖励、做得不好如何批评或惩罚,即奖惩制度也要明确。对于惩罚,马卡连科曾说,合理的惩罚制度不仅是合法的,而且也是必要的。这种合理的惩罚制度有助于形成学生坚强的性格,能培养学生的责任感和抵抗引诱、战胜引诱的能力——适当的惩罚,不仅是一个教育者的权利,也是一个教育者的义务。不过,学校应坚持正面鼓励引导教育为主、适当批评惩戒为辅的原则,而且惩戒应该是善意的、教育性的,是轻微的、不违法的。比如,对破坏公物、破坏绿化的行为,可以进行适当的罚款或者劳动性的体罚等。适当惩戒可以起到一定的规范、约束作用。

此外,加强学校公德文化建设。学校要注重校园文化建设及环境的绿化美化,并将此作为品德教育的重要内容之一。例如,学校可以利用校园广播、电视台、板报、橱窗、校刊、公德知识竞赛、公德标兵宣传、品德教育类文艺节目汇演等多种形式,充分发挥学生会、共青团组织的职能作用,为学生创造良好的校园文化环境氛围,加强对社会公德的宣传和舆论引导。

2.在实践中严格要求

首先,从校内一日生活实践中对学生严格要求。要培养学生遵守社会公德的行为习惯,除了要对学生进行是非观念的培养,还必须利用多种形式的活动,使学生在实践中履行遵守社会公德的行为。我们可以把实践分为校内实践和校外实践。在校内,一日生活都是实践,无论是在晨会、课间、午餐午休时段,还是在其他的集体活动时间,教师都要对学生严格要求,引导学生时时处处注意自己的言行,遵守社会公德。有的学校在实践中设计了一日生活评比表,分时段由学生们轮流负责做监督记录员,一方面对不讲公德的行为给予监督和提醒;另一方面,随时发现学生存在的问题,便于教师开展及时的教育。相反,如果我们轻视了各个细小环节对学生的监督与引导,可能会纵容或使学生产生更多的行为问题。对于极个别不讲公德的学生,如随地吐痰、经常倒剩饭剩菜等,还可以采取"一帮一"伙伴监督和提醒的方法,即请公德行为做得比较好的同学与存在行为问题的同学自愿结伴,在日常学习活动中时刻注意提醒和监督同伴。一般来说,这样做的效果还是比较好的。

其次,在学校开展的各种校外实践活动中对学生严格要求。社会实践活动的类型多样,如有公益劳动型的实践,有参观访问调查类的实践,有环保型的实践和春游、秋游类的实践,还有参加演出、观看比赛、外出旅游等形式的实践。无论哪一类活动,学校都要有意识地借此对学生进行公德教育:在活动前对学生提出具体要求;在活动中引导、监督学生贯彻落实,践行公德行为;在活动后及时总结,对活动中表现出的好人好事以及有进步行为的学生都要表扬,对不良行为进行批评并提出改进建议。

三、家校密切配合,全员督导

虽然学校教育是主渠道,但是,家庭教育同样不能忽视。在培养学生良好公德行为的过程中,家长必须在观念上重视对学生进行社会公德教育,在日常生活中以身作则,无论是在公共场所与人交往,还是对待自然环境,都要为孩子做出表率。发现孩子的不良行为,不能包庇或者无动于衷,应该对孩子进行批评教育。对于学校提出的要求,要积极配合,在家庭生活、社区生活的方方面面,督导孩子遵守公德。对于公德行为本身做得不太好的家长,更应主动改正自己的行为,或者与孩子互相监督,争做遵守社会公德的好公民。

华中师范大学思想政治教育研究所曹清燕同志认为,培养学生的道德行为,需要提升学生的道德需要。道德需要一般分为三个层次。第一,他律性道德需要,个体履行道德责任,主要是依靠舆论的监督、评价或奖惩,外在性、被动性是这一层次道德需要的特点之一。个体认为履行道德规范是"义务"。第二,自律性道德需要。个体对道德的价值、意义已有了深刻的认识和把握,内心已经形成了深刻的道德责任感,具备较强的自我评价能力,道德行为是听从自己并以自己的名义进行抉择,需要的主观性、自觉性与功利性是这一层次道德需要的特点。个体认为履行道德规范是出于"良心"的需要。第三,自由性道德需要。把道德本身作为追求的直接对象与目标,把道德作为达到内心宁静、个体完善、价值实现的手段。履行道德规范不再是义务和良心的要求,而是心灵的一种内在的要求。这种内在的要求已不是功利的驱动,也不是纯粹的自我约束,而几乎成为一种本能式的需要。道德需要的三个阶段是互相连结、依次升华的。品德教育过程中,要促进学生道德需要层次不断提升,引导学生实现自我肯定、自我完善、自我发展,培养其主体精神,提升其主体人格。这一观点启示我们:在对学生进行社会公德教育的过程中,教师同样需要有意识地提升青少年的道德需要层次。建规立制、监督奖惩都属于外在约束与引导,在小学、初中和高中,这种方法都是必不可少的,但是学校千万不能仅停留于这一方法和措施,而是应该通过道德体验、价值澄清、移情换位、道德实践等多种途径和形式不断地引导学生提升自己的道德需要,引导学生由"他律"逐渐过渡到"自律",再由"自律"向"自由性"道德需要发展。

【经验共享】

【北京师范大学】研究生高山同志的经验

社会公德制度化、法律明确公民的权利和义务、加强社会基本道德规范的教育等都是社会的硬性约束,以诉诸他律的形式培养人们的公德意识,这是暂时性措施。如果长期停留在此阶段,人们只会感到外在规范的压抑,人们的公德意识也会由于失去源头活水而干枯。因此,还应加强道德理论中道德理念的建设,给公德的一些基本规范以价值上的支撑。所谓道德理念,即是对基本规范所蕴涵的道德精神的认同,是把这种认同的道德精神转化为实践的内在力量。它具有超越性,超越个人的利害得失,给人的灵魂以终极价值的关怀。

【江苏省滨海县中学】张明佐、施问华老师的经验

在具体的教育实践操作过程中,我们采取了疏导与论辩相结合、理论与实践相结合、示范与规范相结合、竞赛与奖惩相结合、校内与校外相结合的措施,收到了良好的效果。其中,竞赛与奖惩相结合的具体做法是:学校成立社会公德督查小组,对学生在进校、放学以及其他自由活动时间的情况进行检查记录,按周公布结果,每学期评出"文明班级"、"十佳助人为乐学生"、"十佳爱护公物学生"、"十佳保护环境学生"、"十佳遵纪守法学生",从而提高了学生遵守社会公德的积极性。班主任还可以通过品行评价的方法来强化社会公德教育。在竞赛评比中,要奖惩兑现,大力表彰遵守社会公德的模范班级和个人,而对违反社会公德的行为予以适当的惩戒。

【河北省承德市翠桥学校】宋翠平老师的经验

教师在课堂教学中强化、渗透公德教育。一是教师要严于律己、率先垂范。如教师要从步入课堂的时刻起,把开门、关门、站立姿势、语言文明、仪表端庄等细小的事情处理好,把强化自己的公德意识作为备课内容的一部分,把遵守公共道德作为教学内容的一部分,做到为人师表。二是组织教学中要强化公德教育。三是寓公德教育于教学内容之中、四是考试、考核要渗透公德教育。

第五节　感恩的问题与对策

据《现代汉语词典》的解释，"感恩"意为"对别人所给的帮助表示感激"。北京印刷学院社会科学部的胡红霞认为，所谓感恩，就是对自然、社会和他人给自己的恩惠和方便由衷认可，并真诚回报的一种认识、情感和行为。对青少年进行正确的感恩教育，培养其对他人及社会的感恩意识，对于健全他们的人格、营造和谐的人际关系有着重要的作用。但是，现实生活中的许多现象却令人担忧。从上文中的真实报道不难看出，有些青少年在家不知如何感恩父母，在学校不知如何感恩老师，步入社会，接受他人的帮助之后，也缺乏感恩意识。那么，这些青少年为什么习惯于以自我为中心，对待亲情、友情比较冷漠，对社会、对生活缺乏感恩意识、不懂得感恩呢？

一、不懂感恩的原因

为什么许多青少年缺乏感恩意识或者不会感恩呢？从内因即青少年自身来看，错误地认为自己所得到的爱护、关心、帮助等，都是理所当然的，不需要回报对方，这是一个主要的原因。另外，由于种种原因，有些青少年很难明白自己的权利和对社会、对家人应尽的义务，而且存在错误的价值观，如贪图索取、不愿付出，导致他们难以形成一种正确的感恩意识。现实生活中，还有一些青少年，心里想着感谢父母、他人，但有些害羞，或者不知道用哪些适当的方式表达自己的感恩之情。此外，家庭教育与学校教育不当、社会环境不良影响，也是造成青少年不懂感恩、不会感恩的重要原因。

1.家庭教育不当

（1）家庭中对孩子过度溺爱致使孩子不知感恩为何物

随着经济的发展，人民生活水平的不断提高，尤其是在计划生育政策的影响下,"只生一个"使得许多孩子在家中被视为"掌上明珠",过着衣来伸手,饭来张口的日子,更有甚者,平日写作业需要父母陪着,考试需要家长在考场外等着,"生活自理"一词被抛到九霄云外,"劳动"二字更是只有在书上才能看得见,在生活中跟自己关系相当疏远。在三口之家上述现象比比皆是,在隔代抚养的家庭中这些现象更容易发生。总之,由于种种原因,许多当代的青少年承受了太多的溺爱,虽然其自主意识、权利意识比较强烈,但他们的自我约束能力、生活自理能力以及自我教育能力比较薄弱。不少学生对父母及他人的依赖思想比较严重,责任感淡薄,认为父母、朋友和社会给予他们的都是理所当然的,自己不需要做出回馈。因此,很多孩子在平日里习惯于"默默无闻"地接受父母、老师及他人对自己的关爱、照顾和帮助;当这些自认为"习以为常"的关爱、照顾和帮助发生"断电"现象时,他们不但不会体谅对方,反而会抱怨对方,"饭怎么还没有做好"、"饭怎么这么难吃"、"怎么给我这么点零花钱"、"为什么不给我买名牌运动鞋"、"为什么辅导张三而没有辅导我"等。个别青少年为了达到个人目的,甚至置亲情和法律于不顾,大动干戈,做出伤害家长、老师的恶劣行为。

可以说,家长对孩子过分溺爱,包办了孩子的衣、食、住、行,对孩子的各种要求轻易地予以满足,会促使孩子养成错误的观点,形成只知索取的价值观,在其欲望无法得到满足的时候甚至会做出伤天害理的事情,而根本不懂得回报他人,更不知道感谢父母、亲人的养育之恩。

(2)父母缺少对子女感恩意识的培养和教育促成了孩子不会感恩

首先,父母教育观念不当:对孩子重视智商培养,忽视感恩意识教育。当前,国家正经历着从"应试教育"向"素质教育"的转轨。由于受应试教育的影响,学校以追求升学率为直接目标,教师为考试而教,学生为考试而学,家长为考试而服务。这就使得很多家长非常注重孩子智力因素的发展，而轻视孩子非智力因素的发展，即高估了学习成绩在孩子成长发展中的作用，认为只要孩子能在考试中得高分，其他的一切问题都不重要，或者可以忽略。也有的父母对孩子的关爱除了学习成绩，更多的则局限于物质层面，很少涉及精神领域，缺乏与孩子的感情沟通，对孩子非智力因素的培养和教育不足。在这种观念的影响下，相对重视孩子的智商培养，而忽视对孩子进行感恩教育。

其次，父母自身的感恩意识差，没有为孩子创造良好的感恩环境。有一些父母以"宁可我负天下人，决不让天下人负我"为生活、工作信条，对别人要求的很多，而不管别人对自己的恩情是大还是小，很少言谢，或者只是口头上说"谢谢"而实际上没有从行动上回报他人。如果孩子从小在这样的环境中长大，以这样的行为为榜样，耳濡目染，只能学来自私自利的行为处世方式，从而感恩意识和感恩行为一般而言都比较差。有些父母懂得恩情，也知道谢恩和报恩，但是，教育子女过于专制和严厉，孩子若是考试成绩不好或者犯了错，父母就会大打出手。在这种情况下，孩子小的时候会怕父母，逐渐长大后可能会做出一些逆反行为。总之，孩子与父母的关系比较紧张，孩子在家里体验不到亲情和温暖，即使有时候体验到一点温暖和感激之情，也不敢或不愿意在父母面前回报教育养育之恩，长此以往，影响到孩子感恩意识和行为的养成。

此外，大多数父母为孩子的饮食起居、学习等付出很多，却认为大恩不言谢，不要求孩子跟自己客气，甚至会制止孩子的言谢行为，因此孩子没有机会向父母说"谢谢"，加之父母为了使孩子一心一意地学习，学习之外的事情很少让孩子参与，因此剥夺了孩子许多的社会交往和社会适应机会，其中也使孩子失去了学习感恩的机会。总之，在不注重感恩意识培养的家庭环境之中长大的孩子，很容易以自我为中心，不懂得关心别人，不会珍惜和满足自己拥有的东西，认为父母、长辈为自己所做的一切都是应该的;对他人的关怀和帮助表现冷淡,不懂得表达感恩之情。

2.不当的学校教育

(1)学校教育存在误区

学校教育中重智育、轻品德教育是使青少年感恩意识淡薄的主要因素之一。我国的中小学由于受应试教育的影响,在对学生的教育中往往重教书、轻育人,重智育、轻品德教育,关注升学率和就业率,比较忽视对学生品德教育等方面的培养。尤其是在高考指挥棒的影响下,许多家长、教师只重视学生的学习成绩,淡化了对学生的品德教育,忽视学生的品性发展,而感恩教育更是流于形式。

(2)品德教育的内容、形式方法没能紧跟时代步伐

思想政治教育作为学校品德教育的主阵地,没有发挥应有的作用。学校的品德教育课程设置不够合理,在大多数中小学课本中缺少针对感恩教育方面的品德教育内容。在品德教育形式、方法方面,许多学校依然沿用多年前的品德教育模式,在品德教育课堂上,陈旧呆板的说教、单一的教育形式、落后的教育方法,结果换来的是学生的反感。由于重视不够,同时又没有合适的内容与合适的方法,学生的感恩"情弦"怎能"拨动",难怪学生只知默默地受恩,不知感恩为何物了。

3.社会环境的影响

自古以来,"滴水之恩,当涌泉相报"就是中华民族的优良传统美德。改革开放以来,随着市场经济体系的逐步建立,中国的经济也进入了全面发展的新时期。马克斯·舍勒说,"现代化过程中滋生的急功近利和唯利是图倾向消解了传统的道德和人生的终极关怀。"确实如其所言,在改革开放的过程中,诸如拜金主义、利己主义、享乐主义以及极端个人主义等不良的社会风气也随之而来,致使我们许多的优良传统美德受到了一定的冲击,知恩图报的传统美德也受到了质疑。受社会不良因素的影

响,在追求"个性"和"自由"的过程中,一些青少年盲目地"张扬个性",以"自我"为中心,感恩意识越来越缺乏。

另外,互联网的迅速发展将人类文明带进了一个信息化的社会,使得社会的发展与时空结构发生了根本性的变化,各种价值观念、风俗习惯和社会生活方式及文化思潮给传统道德观念带来了极大的冲击。网络是一把双刃剑,在存在积极作用的同时,也存在许多负面的影响。由于青少年的道德认知、情感、意志及行为处于发展之中,他们还缺乏足够的自控能力和是非判断能力去应对纷繁复杂的网络信息。渲染暴力的网络游戏、低级庸俗的网聊等都会对青少年的成长产生消极的影响。此外,长期迷恋网络,在"人—机—人"这样一个相对封闭的环境中,青少年不但容易产生孤僻、冷漠等心理健康问题,而且在其网络消费没有足够的资金做后备的情况下,极易出现一些过激甚至是违法行为,如偷家里的钱、抢他人的钱物等。可见,沉迷网络也是造成青少年在现实生活中人际关系淡漠、缺少感恩意识的一个重要原因。

二、培养感恩意识的重要性

马克思曾说过,"恩情是连结人与人之间的一个良好的纽带,更是连结大到国与国、地区与地区,小到家庭与家庭、人与人,进而支撑起一个社会。"

1. 会感恩的孩子,生活才会幸福

对于青少年学生来说,具有感恩意识不仅是回报父母养育之恩、恩师教诲之情、他人关怀之心和社会乃至大自然之恩惠的体现,更是具有责任意识、自立意识和健全人格的体现。青少年学生具有了感恩意识,他对周围的人和事就会充满感激之情,并以更积极的态度面对学习、生活,遇事也不会斤斤计较,甚至做出某些残忍的报复行为,从这一点来说,其家庭才可能是和谐的,其同伴交往才可能是快乐的,其生活才可能是幸福的。相反,青少年若缺乏感恩意识就会变得感情冷漠,甚至出现

"知恩不报"或"恩将仇报"的行为,不但其个人健康发展会受阻碍,而且其家庭生活、学校生活和社会生活也会缺少快乐、幸福与和谐。

2. 会感恩的社会,才是和谐的社会

感恩作为和谐社会的基本道德价值取向,是道德价值的源泉,也是家庭、社会和谐的根基。社会之中的每个人都应该心存感恩。假如人与人之间缺乏感恩之心、感恩之情、感恩之德与感恩之行,人与人之间的关系便会淡漠,人心也会趋于自我封闭、自我中心与自私,构筑和谐社会的情感基础也会随之动摇。人人都有感恩意识,爱心才会永不停歇地传递。如果社会之中感恩的链条断了,施恩之人会难过,而且施恩之心会动摇,受恩之人也会受到良心的谴责和社会的责备。据媒体报道,深圳歌手丛飞用义演所得的 300 多万元,资助了 178 名贫困学生,而当其2005 年患癌症住院后,曾受他资助的、已在深圳工作的那些大学生却没有一个人来看过他。诸如此类缺乏感恩之情的事情是我们不愿意看到的,也是和谐社会之中的不和谐之音,而与之相反的案例却令我们感到欣慰与敬佩。据《山西晚报》报道,为给身患眼疾的女儿治病,单亲妈妈侯耐香曾在该报的呼吁下,得到了来自社会的捐助。作为这样一个曾经接受过社会捐助的人来说,她对感恩有着更深的认识。虽然她们一家的日子过得还是那么艰辛,但是,她对周围人的关心却丝毫没有减弱,如指导邻居教育孩子、利用休息时间免费辅导别人的孩子写作文等。总之,用她的话说:"我没什么本事,能尽自己所能帮助别人,也算是我目前唯一能回报社会的吧。永远只记别人的好,好像已经成为我的一种习惯。"确实,正是这些常怀着感恩之心、心地坦荡、自觉自愿助人为乐的人在不断地为社会奏出和谐之音。从这一点也可以说,构建和谐社会,培养现代公民,必然要培养青少年的感恩意识。

【方法指导】

感恩是一种生活态度,是一种品德,更是人生的一种境界。感恩教育是教育者运用一定的教育方法与手段、通过一定的感恩教育内容对受教育者实施的识恩、知恩、感恩、报恩和施恩的人文教育。感恩教育是一种以情动情的情感教育，是一种以德报德的品德教育，更是一种以人性唤起人性的人性教育。在教育实践中，人们找到了一些感恩教育的途径与方法，在实际生活中，家长和教师可以参考和借鉴。

一、主要途径与方法

1.树立感恩榜样，培养感恩意识

无论在家庭教育还是在学校教育中，家长和老师要教会学生识恩、知恩、感恩、受恩，其教育的方式绝不能仅仅局限于说理和说教，必须结合现实生活进行感性的、示范的、生动形象的榜样教育。通过感恩榜样教育，有利于唤醒青少年的爱心，使他们学会重视、尊重和感激别人的恩情，知恩图报。同时，还要引导青少年向施恩者学习，乐于施恩，但施恩并不图回报。

（1）树立身边的榜样

教师和家长必须高度重视对青少年的感恩教育，并严格要求自己，从自身做起，为他们树立感恩的榜样。父母是孩子的第一任教师。父母要为孩子做出榜样，有别人帮助自己时，要能"记恩"、"谢恩"和"报恩"，并且要在孩子的面前"讲故事"。比如，把自己受别人帮助的故事讲给孩子听，告诉孩子面对困难时自己无助失望的心情、被别人帮助后自己高兴感激的心情以及也想向他人学习、帮助别人、解他人之难、救他人之急的感受。又如，把自己感谢他人的举动和行为讲给孩子听，把被感谢之人对自己的评价讲给孩子听。孔子说："其身正，不令而行；其身不正，虽令不从。"如果父母在孩子面前坚持孝敬父母、感恩他人、甚至感谢子女，那么天长日久，孩子自然会被熏陶，感恩意识和行为也会渐渐养成。相反，如果父母本身不孝敬父母或不善于感谢他人，自然会给孩子树立反面的榜样，影

响孩子感恩意识的形成。需要注意的是,父母对孩子不能过度溺爱,也不能过于专制或动辄打骂孩子,更不应不理、不管孩子。在这两种家教环境中成长的孩子,一则身在福中不知福,感受不到父母的"关爱";二则在父母面前胆战心惊,唯唯诺诺,确实没有感受到"关爱"。没有被关爱、被帮助的感受,怎能激发其感激之情,怎能培养其感恩之意?

教师是孩子的第二父母,应当以身作则,关爱学生,以言传身教来培养学生的感恩意识。在日常教育教学活动中,教师要尊重学生,关爱学生。当有学生帮自己做了一些事情,即使是一些很小的事情,如帮教师擦黑板,教师也应该真心地送上一句"谢谢",这是"感恩"的榜样。如果学生学习成绩不好或者遇到一些困难时,教师可以为学生提供辅导,帮学生克服困难;如果学生生病甚至住院了,教师可以打个电话、发个短信送去一声问候,也可以抽点时间去家里或医院看望学生,这是"施恩"的榜样。教师的这些举动会使学生真切地感受到被别人帮助的心情。通过这些言行,学生可以慢慢地"知恩",同时激发"感恩"之情;通过这些言行,学生也会学习到"施恩"的意义,从而激发他们去关怀、帮助别人的热情和责任心。

除家长和教师之外,学生之中的榜样行为也非常重要。教师在平日要善于发现学生的闪光点,对于热情助人的同学和知恩言谢的同学都应以多种形式给予表扬和宣传。

(2)利用经典故事

中国的感恩教育源远流长,《论语》《礼记》《孝经》等儒家经典,从基于自然性血缘关系的原初情感,赋予了"孝文化"丰富而具体的内涵和意蕴。中国传统文化中有许许多多表达感恩的经典故事,如衔环结草等。也有诸如"知恩不报非君子"、"滴水之恩当涌泉相报"、"一日为师,终生为父"、"投我以桃,报之以李"等教育人们学会感恩的诗词名句,在教育当代青少年的过程中应当合理利用,同时也要注意引导学生取其精华,去其糟粕。

（3）善用典型事件

生活中难免会发生一些重大事件,如亲人突然离去、个人健康出现问题、家庭发生变故等,也难免会遇上一些重大的自然灾害,如火灾、冰灾、水灾、地震等,如果能利用好在这些事件中涌现出的"施恩"、"报恩"的感人事迹,对学生开展相应的教育,有时会起到事半功倍的效果。以下典型事迹是作者从近年来的相关报道中检索而来的,阅读、分析这些典型的事迹,可以给教师们提供一些教育案例方面的启发。

2.在实践中体验,在换位中感恩

人们常常把外界事物和情境引起的"我"的内心感受、体味或亲身的经历称之为"体验"。心理学研究人员宋振韶、金盛华认为,就体验本身的特征来看,它具有主动性、创造性和过程性。教育应当把学习主体的体验过程看作是教育活动的基本形式之一,强调学习中的体验、体验后的领悟。这样,才能使原来静态的知识经验在个体的心灵中被激活、被催化,产生广泛的联系,获得新的意义,这样才能产生创造。情感体验一般指个体对外界某种事物引起的特定情感的主观感受,可以分为积极的情感体验和消极的情感体验。在对学生进行感恩教育的过程中,教师和家长要充分发挥未成年人在思想道德实践活动中的主体地位。教育者要善于创设让青少年身临其境的感恩情境,通过一系列形式多样的实践性活动,引导学生对感恩的相关活动产生积极的体验,从而养成良好的感恩意识和行为习惯。

（1）创设情境,体验感恩

在学校教育中,教师要注重为学生创设情境,引导学生在情境中体验感恩。一般来说,教师可以通过人与人关系的角度,将感恩教育的主要内容与学生的生活经验相结合,设计感恩情境(参见下表)。

感恩情境举例

举场景与人际关系例 感恩教育内容		教师可结合情境故事,引导学生从受恩者、谢恩者与报恩者、施恩者等多个角度设身处地地体验与思考:当事人当时(受恩、报恩、施恩)的心情、感受,如果自己是当事人,在那种情境下会怎样做,进而引导学生知恩,激发学生的感恩之情,启发学生寻找并掌握正确的感恩言行,教育学生主动帮助他人,施恩不图回报。
家庭生活	父母与孩子之间	●学生 A 与妈妈一起生活,妈妈每天下班回家很晚。于是,每次放学后,他都会买菜、做饭,然后等着妈妈回家。 ●下雨了,学生 B 没有带雨伞。放学铃响之时,他无奈地走出了教室,然而令他感动的是:爸爸正在教室外等着给他送伞。
	长辈与孩子之间	
	亲戚与孩子之间	
	其他家庭人际之间	
学校生活	同辈之间	●学生 A 生病住院了,同学和老师去医院看望他。由于他耽误了几天功课,当他重返校园时,学生 B、C 等主动帮他补课。 ●学生 B 由于家庭贫困,接受了社会上某知名企业的捐助,为了不辜负捐助者,他坚持定期向捐助者汇报自己的学习情况,受到了捐助者的好评。
	师生之间	
	学生与工友(清洁工等)	
	社会各界对学生的捐助	
	其他学校人际之间	
社区与社会生活	邻居与学生之间	●学生 A 上楼的时候,不小心崴了脚。好心的阿姨看见之后,二话没说,就把他搀扶到了家门口。 ●同伴结伴春游的路上,学生 B 晕车,不小心吐了身边的奶奶一身脏东西,这时车上的乘客和售票员一起,用湿纸巾、小毛巾帮奶奶擦拭,还有乘客给学生 B 送晕车药。
	其他社会成员与学生之间	

在情境教学中,教师需要注意以下几点:

第一,创设"感恩"情境要尽可能与学生的生活紧密结合,与学生"离得近"一些。例如,上表中从学生的家庭生活、学校生活、社区生活及社会生活之中举了一些例子,这些例子经常发生在我们身边,教师要善于发现这样的情境,借这些情境展开对学生的教育。另外,教师也可以发动学生,寻找身边的"感恩小事",作为教育与宣传的素材。

第二,"感恩"情境的创设要充分体现建构主义的思想,让学生"去建构"。建构主义者认为,知识不是对客观的外部世界的简单反映,而是个人经验的合理化和组织化。学生对世界的独特理解是学生在自己先前经验的基础上对世界的一种主观组织。建构主义的教学观认为,知识的意义寓于情境之中,学习情境不是一个无关因素,学生必须通过具体的情境才能获得某种知识,教师应该成为良好学习情境的创设者,学生才能成为乐于建构知识的促进者。教师通过创设一定的情境,让学生感受到知识,培养对知识的感情,进而发挥主观能动性,去积极地认识和建构外在客观世界。鉴于建构主义的这些基本主张,我们提倡教师在对学生进行感恩教育的过程中,不但要为学生创设感恩情境,而且要利用情境引导学生积极地感受"恩情",激发学生主动感恩和主动助人的情感,在此基础上"导之以行",而不是简单地告诫学生应该怎样做。

第三,运用"感恩"情境的过程中要注意培养学生的"感恩"情商。情商又称情绪智力,是近年来心理学家提出的与智力和智商相对应的概念。它是指一个人自我控制、热情、坚持性和自我激励等方面的能力,包括以下几个方面的内容:知道自己的情绪,即能够识别正在发生的情绪,随时监控自己的情绪;情绪管理,即调整情绪使它们比较合适,安慰自己以摆脱焦虑、抑郁和恼怒;自我激励,即引导情绪达成目标,能够延迟满足并抑制冲动;识别他人的情绪,即同情意识和知晓及适应别人的情绪;

处理关系,即管理他人的情绪,并与他人和谐相处。心理学家认为,情商水平高的人具有如下的特点:社交能力强,外向而愉快,不易陷入恐惧或伤感,对事业较投入,为人正直,富于同情心,情感生活较丰寓但不逾矩,无论独处还是与许多人在一起都能怡然自得。感恩是一种情感,也是一种行为与美德,如果对照情商的定义,我们不难发现,"感恩"的能力可以归为情商的一种,同时也可以视为情商的重要因素,或者说"感恩之心乃情商之母"。有感恩之心的人,看待事物比较积极,对待他人比较宽容,而且总怀有一种感激之情,并能用恰当的语言和行为表达这种情感,这就非常有利于其与他人建立良好的人际关系;有感恩之心的人,易于识别他人的情绪,易于感知自己的情绪,易于调适自己的情绪,易于和他人乃至整个社会和谐相处。因此,我们不但要重视对学生的感恩教育,还应该在感恩教育中注重培养其情商,即引导学生以积极的心态看待事物,受到别人的帮助时要"知恩";以宽容的心态对待他人,遇到不愉快的事情先稳定情绪从自身找原因;以勇敢的心和热情的姿态去帮助需要帮助的人,而不要求被帮助的人向自己"谢恩或报恩"。

(2)结合实际,践行感恩

在对学生进行思想品德教育的过程中,一些空洞的理论与说教往往起不到好的作用。或者说,单凭简单的常识教育和说理教育起不到很大的作用,教师必须紧密结合学生生活实际,在日常生活和学习的过程中引导学生去感恩。一般来说,在结合实际的过程中,教师要考虑学生的生活环境,如家庭、学校、社区和社会。

在家庭中,父母一方面要给孩子做感恩的榜样,如在孩子为家里搞卫生、帮父母洗衣物、做饭的时候,父母应该毫不吝啬地表达对孩子的感谢和鼓励,如说一声"谢谢",道一句"你真棒!能帮爸爸妈妈做事情了,妈妈真为你骄傲呀";另一方面,家长要引导孩子对父母和长辈的付出表示感谢和感激,尤其是对于平时不太会对父母和长辈表示感恩或者平日被娇惯溺爱的孩子,家长更要注意对其引导。例如,父母为孩子做了一餐饭,孩子在用餐前就应该对父母有所表示。小一点的孩子可以说:"妈妈辛苦了!""谢谢妈妈做了这么多好吃的!"大一点的孩子可以说一声"谢谢",同时在行动上帮家长盛饭、摆餐具,或者用完餐后收拾整理餐具等。

在学校里,教师一方面要引导学生随时随地表达对同伴、对教师、对学校的感恩之情;另一方面要引导学生不计回报,主动帮助同学、老师等需要帮助的人。例如,看见同学的书本、文具掉到地上了,就要帮同学捡起来;看见有同学摔倒了,就要主动把他扶起来;下课时应帮助老师把黑板擦干净,等等。"受恩者"受到了同学、老师的帮助,要对"施恩者"表示感谢。步入社区和社会生活时,家长、教师、学生还应该把自己在家里、在学校中的感恩行为传播出来,只有这样,才能使青少年养成感恩习惯。以上这些事情虽然都是一些小事情,但无论家长、老师还是学生都不应低估这些小事,而且从小事做起,才能促使社会形成"感恩"之风。

3.利用现代化的教育手段鼓励学生参与

当前社会,科学技术突飞猛进,教师尤其要善于利用电化教育手段进行教育与教学活动。一般来说,电化教育手段主要包括幻灯、投影、电影、录音、电视和电子计算机等。在对学生进行感恩教育的过程中,教师要善于运用这些手段,尤其是在低年级的教育活动中,要借用这些手段加大直观教学的力度。例如,节选一些优秀的影片、制作一些幻灯片作为教育活动素材。另外,要动员学生参与资料收集与进一步的加工和制作,如用相机拍一些感人的照片、用DV拍教师的一日生活剪影,在活动参与的过程中使学生自然而然地受到教育。此外,对于高年级的学生,也可以利用网络传媒的优势,结合计算机等学科教学,开展综合实践活动进行感恩教育。例如,开展"感恩"网页设计活动,或者在学校网站开设一个"感恩"专栏,请学生讨论活动项目的目的、工作安排、时间进程、分组等具体工作,然后从网页的设计、素材的制作、资料的上传等都由学生小组完成,在这个过程中,教师给予引导、支持就可以了。通过这样的活动,感恩教育不但不枯燥,而且会给学生许多思考、创造、参与、体验的机会。

二、感恩教育应注意的几个方面

1.突出两个关键时期

首先,学前和小学低年级阶段是第一个重要时期,感恩教育要从小抓起。身为父母,能让孩子感受到父母的付出给自己所带来的幸福固然重要,但同时,父母也要给孩子创造机会,让孩子懂得理解这份关怀,回报父母,让父母微笑也是一件非常幸福的事情。当孩子慢慢长大,父母引导孩子学会"自己的事情自己做",同时让他们做一些家务和力所能及的事情,这些都对孩子感恩之情的培养非常重要。此外,在孩子小的时候,教师和家长都应时刻注意自己的言行,为孩子做感恩的表率。

其次,要注意对处于青春期的学生开展感恩教育。而且在青春期,对学生进行感恩教育更要讲究形式与方法。家长和教师要了解教育对象的特点,分析他们的心理,如逆反心理,注意要尊重他们,以平等态度和朋友式的身份开展教育,以理服人,以情动人,而不能简单灌输感恩何等重要,乃至怎样感恩。对于不知感恩或者不会感恩的学生,要耐心引导,不可呵斥和简单地批评。

2.注重家庭、学校、社会各方面的有机结合

《中共中央关于进一步加强和改进学校品德教育工作的若干意见》中指出,"学校教育、家庭教育、社会教育紧密配合。学校要主动同家长及社会各个方面合作,使三方面的教育互为补充,形成合力。"确实,每一个教育者都知道,学校教育、社会教育、家庭教育是品德教育的三大支

柱,在品德教育工作中,有目的、有计划、有组织地实行学校、家庭、社会品德教育一体化,以学校品德教育为主体,以家庭品德教育为基础,以社会品德教育为依托,构建三位一体的品德教育网络,是开展品德教育工作必需的途径。感恩教育也不例外。学校、家庭和社会都应负起应有的责任,齐抓共管、通力协作。作为教师,在开展感恩教育活动的过程中要善于请家长配合,与家长沟通,要学会利用社会上的感恩榜样与资源;作为家长,平日要为孩子做感恩的榜样,引导孩子从小孝敬父母,感恩他人与社会,同时要配合学校开展各类教育活动。从社会的角度来讲,我们希望能看到越来越多的宣传美德的广告、影像及各类作品,也希望每个人都能从自身做起,感恩他人,感恩社会,为和谐社会的构建助一臂之力。

【经验共享】

【扬州大学教育科学学院】秦喆、陈家麟老师的经验

感恩意识不是天生的,它需要教育者运用一定的教育方法与手段,通过一定的感恩教育内容,在广度、密度等方面对受教育者实施感恩教育。因此,培养青少年的感恩之心,要从他们的心理需要出发,实行感恩教育的知行合一。(1)树立正确的感恩观,完善感恩的心理品质。(2)营造良好的感恩环境,构建社会、学校、家庭、网络、文化五位一体的感恩体系。感恩教育是一个系统工程,社会、学校、家庭是三大重要环节,然而网络和文化的作用也不可小视,只有实现"五位一体"有机结合,才能在全社会掀起一股感恩教育的热潮,做到人人怀有感恩之心、处处心生感激之情。(3)做好学生的心理辅导工作,实现感恩教育与心理健康教育的双向发展。

【广西大学公共管理学院】张明洁老师的经验

营造感恩教育的良好氛围。感恩教育是一个正面教育、事迹感染、氛围影响的结合体,没有好的环境就不可能造就好的人才,感恩教育也

很难取得成效。因此,加强传统美德的宣传力度,从校园、家庭、社会风气方面加强感恩氛围的建设、优化感恩环境是十分重要的。家庭、学校、社会各方面都应承担起相应的责任,形成协调一致的教育网络。我们应该在全社会掀起一股感恩教育的热潮,加大对感恩教育的宣传,只要人人怀有感恩之心、处处心生感激之情,人与人之间的距离就会拉近,我们对青少年的感恩教育就会更见成效。